わたし、また、旅に出た。

いとうみゆき

電波社

はじめに

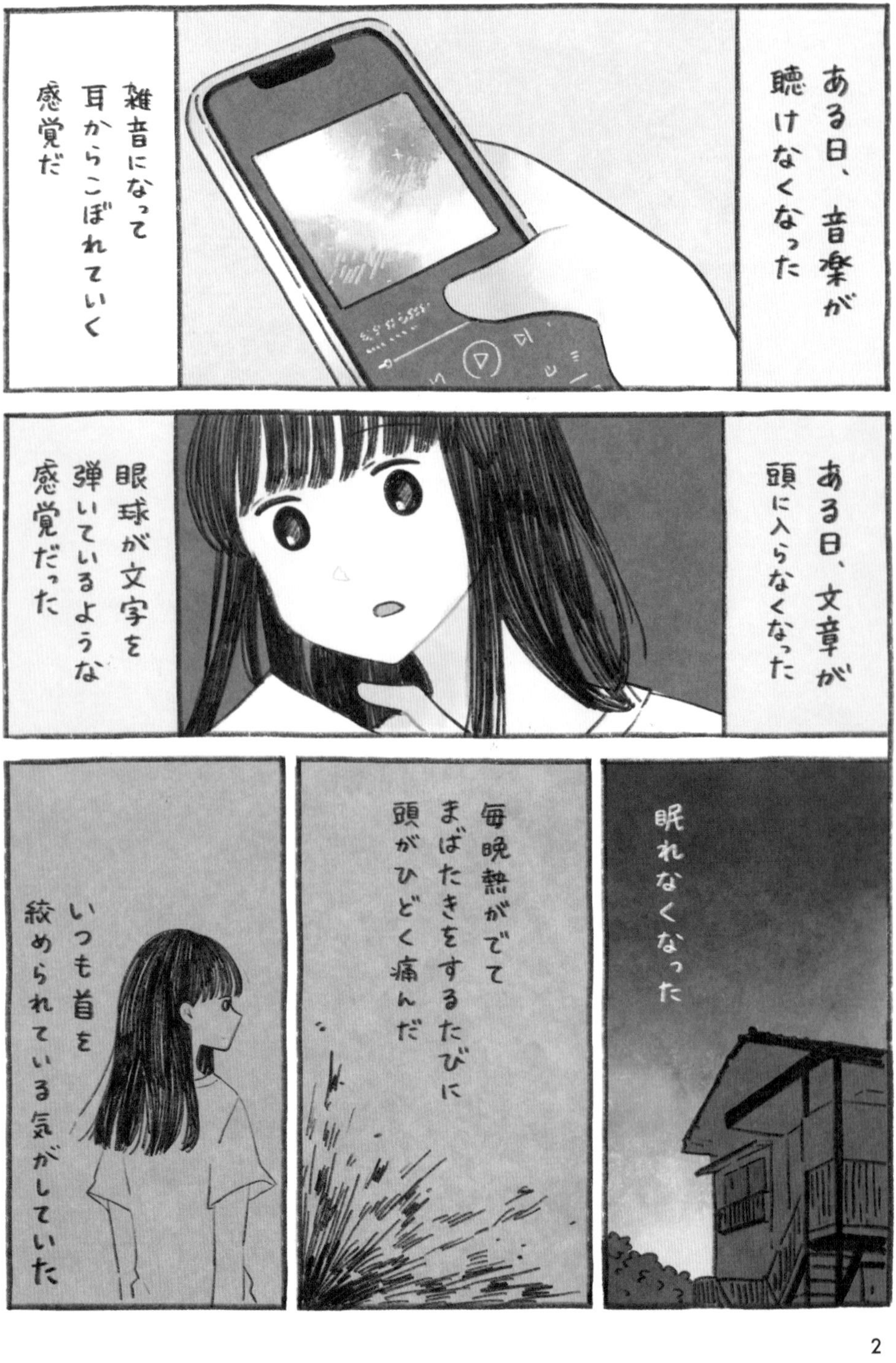

ある日、音楽が聴けなくなった
雑音になって耳からこぼれていく感覚だ
ある日、文章が頭に入らなくなった
眼球が文字を弾いているような感覚だった
眠れなくなった
毎晩熱がでてまばたきをするたびに頭がひどく痛んだ
いつも首を絞められている気がしていた

そんな私にお医者さんはこう言った
ばーーーん
それ過労からくる軽いうつ!!
仕事ができる薬がほしい?
今すぐ仕事やめな
今やめないと大変なことになるよ
まだ間にあう
えーーー
私がこの言葉を聞くのははじめてではない
小さい頃からよく心と身体がばらばらになっていたからだ
実家でてからはなかったのに久しぶりにこんがらがったな…
10年ぶり、この薬…
ぼうっと外を見ていたら
最近は取材以外でどこにも行っていないことに気がついた

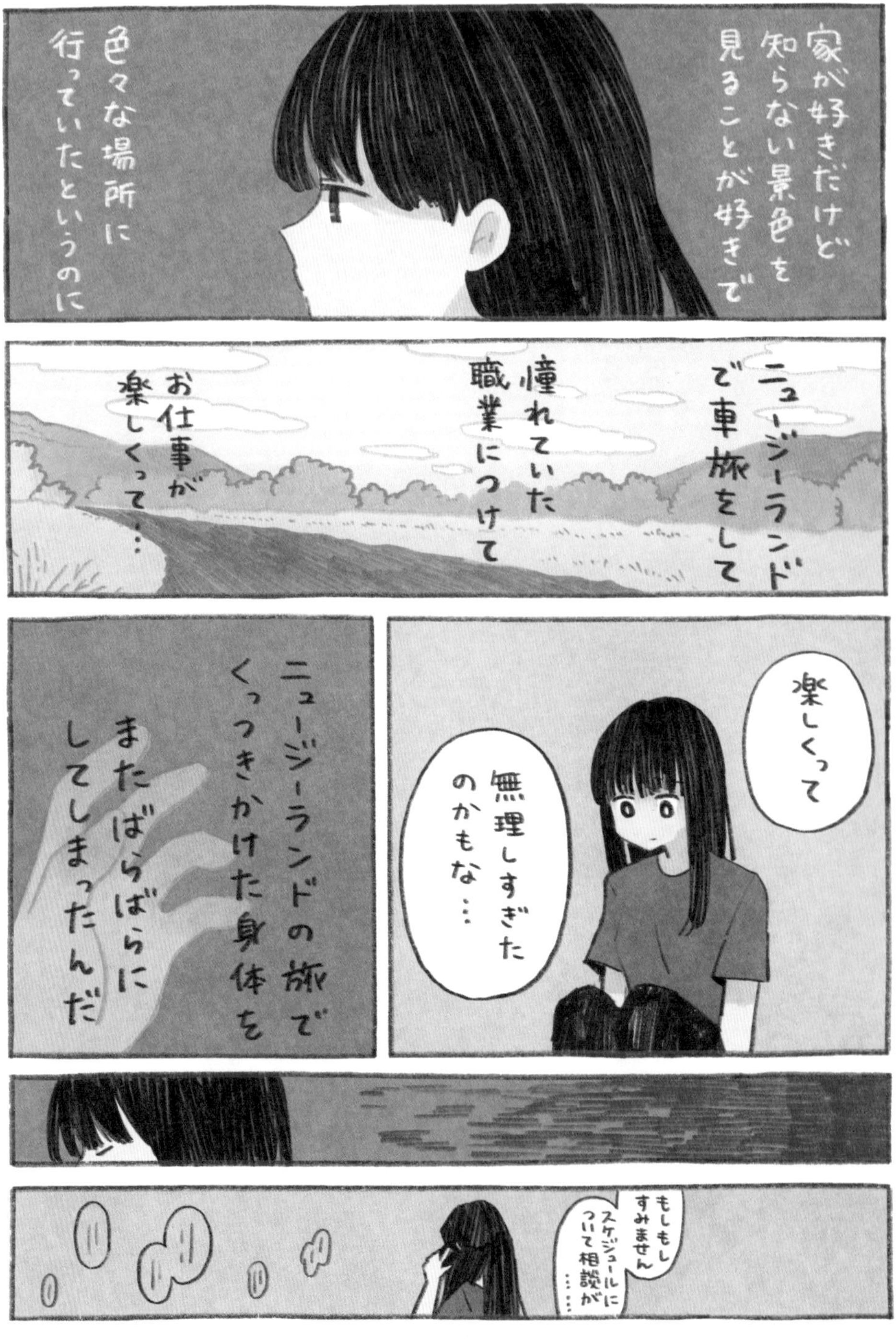
家が好きだけど
知らない景色を
見ることが好きで
色々な場所に
行っていたというのに
ニュージーランドで車旅をして
憧れていた職業につけて
お仕事が楽しくって…
楽しくって
無理しすぎたのかもな…
ニュージーランドの旅で
くっつきかけた身体を
またばらばらに
してしまったんだ
もしもし すみません
スケジュールについて相談が……

ばらばらに
なってしまった
身体と心は
その場に置いて
おいても
くっつくことはない
おいしい
ご飯を与え
よく寝かせて
また
寝かせる
ぷっくり
もっちり
してきたら
あとちょっとで
くっつきそう…
やっと
扉が見えてくる

……
どっか行こ
頑張らなくても いるだけで 楽しくなっちゅう 場所…
無理せず いつも通り 過ごせる 身近な海外 とか？
動く力が わいてきたら
外に出て
台湾
東京
11:45
14:20
成田国際空港
知らないことに 触れて
そしてまた 心と身体が くっつくのを
ゆっくり待つのだ

CONTENTS

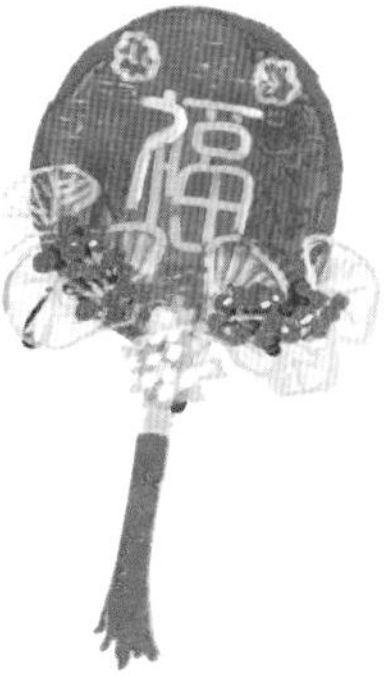

装丁：川畑サユリ

本文デザイン：伊藤清夏（コスミック出版）

編集：㭭島慎司（コスミック出版）

Chapter1

ノープラン台湾一周

ひとり環島《ほわんたお》

台湾MAP

※赤星&赤文字の地名が行ったところです

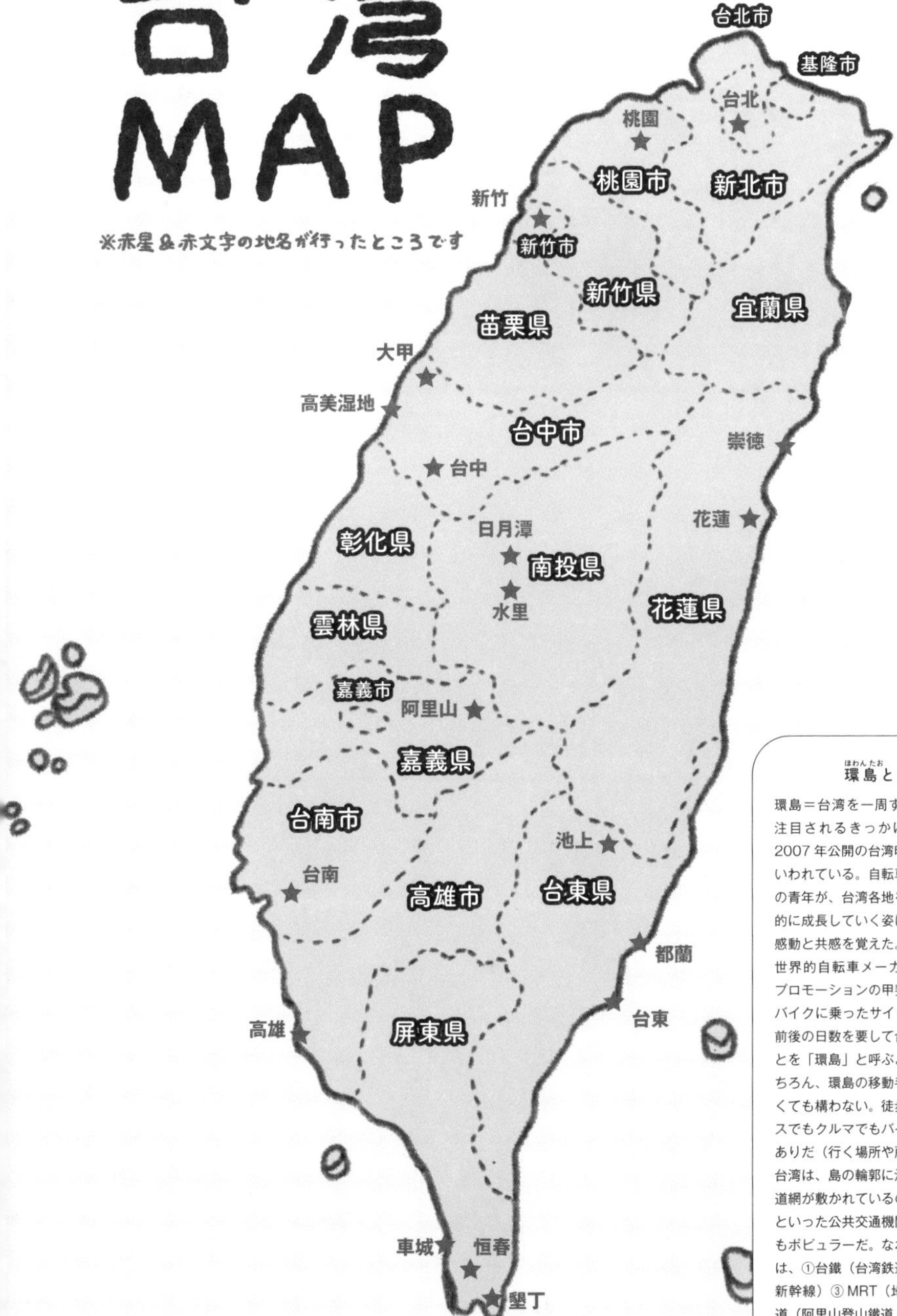

環島《ほわんたお》とは？

環島＝台湾を一周すること。環島が注目されるきっかけとなったのは、2007年公開の台湾映画『練習曲』といわれている。自転車に乗った主人公の青年が、台湾各地を巡りながら人間的に成長していく姿に、多くの国民が感動と共感を覚えた。その後、台湾の世界的自転車メーカー「GIANT」のプロモーションの甲斐もあり、ロードバイクに乗ったサイクリストが10日前後の日数を要して台湾を一周することを「環島」と呼ぶようになった。もちろん、環島の移動手段は自転車でなくても構わない。徒歩でも鉄道でもバスでもクルマでもバイクでもなんでもありだ（行く場所や所要日数も同様）。台湾は、島の輪郭に沿ってぐるっと鉄道網が敷かれているので、鉄道やバスといった公共交通機関を使っての環島もポピュラーだ。なお、台湾の鉄道には、①台鐵（台湾鉄道）②高鐵（台湾新幹線）③MRT（地下鉄）④観光鉄道（阿里山登山鐵道・平渓線・内湾線・集集線）がある。

台湾《たいわん》に行きます！
成田から3〜4時間！
台湾を選んだのは「無理せず楽しめそう」だからです
私のイメージ…
お金 日本よりちょい安〜同じ
言語 漢字はなじみ深い
治安 まあまあよさそう
台湾旅といえば美味しいものにいい景色、建物、マッサージ…とわくわく旅
ーなのですが、
私の場合はわくわくの余裕0《ゼロ》!! どたばたスタートでした…
このままでは飛行機に間にあわない!!!
ドキ
ドキ
ドキ
ドキ
出発まであと3時間…
現在地：埼玉県

原因は数時間前
早めに起きて準備する…
6時までいったん仮眠…
アラームをかける前にうっかり就寝してしまい
まであと7時間…
ベッド
今何時
ばっ
8時
寝坊
まであと3時間半…
とりあえずコンタクトにして気合いを入れようっ
急げ急げ急げ
パスポートとクレカと
ipad
があればいい!!!
10分で支度して
なんとか電車に乗れたものの
ガタンゴトーン
オンラインチェックインできないの!?
国際線は1時間前までにチェックイン!!!
どうしよどうしよどーしよー…
そうだ
特急!!!
これならギリ間にあうっ
なにもかも準備不足で空港へ…
駅から近いターミナル!!
全力ダッシュじゃなくても間にあう!!
よかった〜〜
まであと1時間半…

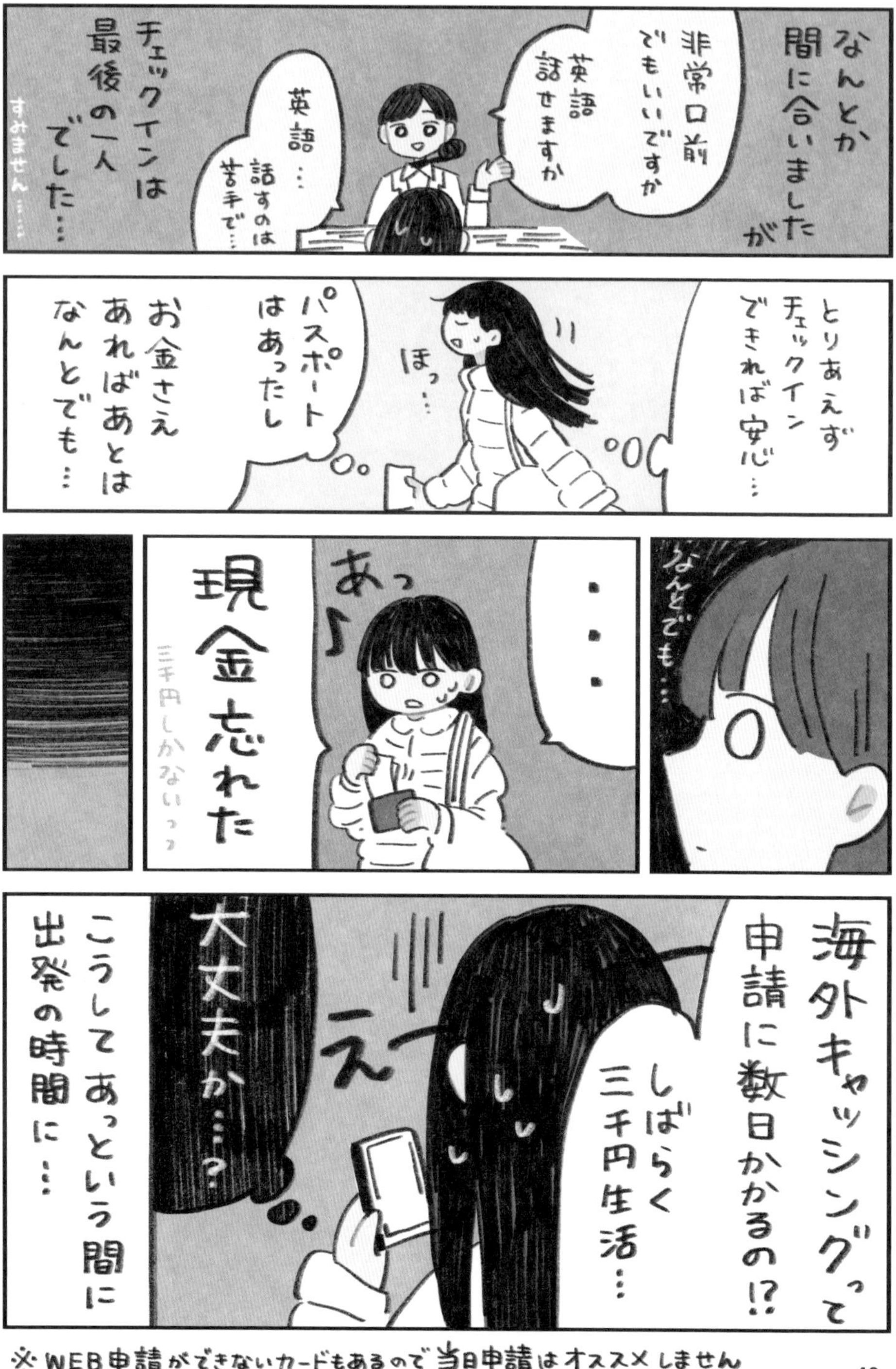

なんとか間に合いましたが
非常口前でもいいですか 英語話せますか
英語…話すのは苦手で…
チェックインは最後の一人でした…
すみません……
とりあえずチェックインできれば安心…
ほっ…
パスポートはあったし
お金さえあればあとはなんとでも…
なんとでも…
…
あっ
現金忘れた
三千円しかないっっ
海外キャッシングって申請に数日かかるの!?
しばらく三千円生活…
え—
大丈夫か…!?
こうしてあっという間に出発の時間に…

※WEB申請ができないカードもあるので当日申請はオススメしません

とりあえず乗れた
これからいったいどうなるんだ…
まあ いつもよりはマシか…
ちゃんと乗れたし…
行き先は台湾！
準備不足と寝不足の
どったんばったん25日間の旅は今はじまったばかりです!!

Day1

桃園

Taoyuan

今日のコンビニごはん

雙蔬鮪魚飯糰
ツナマヨ（玉ねぎ多め）
30元／150円

鮭魚鮭魚卵
しゃけしゃけたまご
45元／225円

冷房が効きすぎているバス

茶葉と香辛料で煮たゆでたまご

茶葉蛋

（10元）

コンビニに入った瞬間に広がる八角のにおいの正体はこれ!!

殻にヒビが入っているので大理石みたいな模様だ〜

ボサボサの髪と寝巻きみたいな服装に、ユニクロのエコバック。コンビニに行くみたいな格好で台湾に着いてしまった。だけど心の中ではうれしくってしょうがない。無事に着いてよかった〜っと、小躍りしたい気分です。

私の海外歴は、ニュージーランド（9泊10日）↓台湾（2泊3日）↓ニュージーランド（1年くらい）↓今回の台湾なので、これで2回目の台湾。はじめての台湾の時は、友だちと2人でガイドブックを読み漁って、マッサージ、タピオカ、夜市……とお手本みたいな台湾旅を満喫した。

だけど今回の台湾旅はなにも決まっていない。ばたばたしていて、なにも調べずにここまできてしまったし、なんなら今晩の宿も決まっていないのだ。

ただ、ここから反時計回りに台湾を一周することだけは決まっている。桃園《たおゆあん》から時計回りではなく左回りに周ることにしたのは、しばらく天気が悪いから。景色がいいらしい東側は晴れている時に行きたいから、天気が回復することを祈って後半に取っておくことにする。

とりあえず桃園の中心地まで行くことを決め、前回作ったICカードに入っていた150元で、バスに乗った（今回は1元5円で計算するので、150元は750円。6年前は1元3.5円だったのに）。

桃園《たおゆあん》ひと口メモ　台北空港（桃園空港）がある台湾の玄関口。外国人観光客の大半は、空港に着いたら（いわば条件反射的に）一目散に台北市内に向かうので、桃園をゆっくり散策しようと思う人は少ない。街全体に漂う雰囲気がなんとなく地味で、台湾の人からも「桃園は退屈な街（ボアリング・シティ）」とも言われている。

雨の中ホテルに到着
今日の天気 雨!! 8℃!
HOTEL
傘ない…
さむい…
Check in please
チェックインはパスポート見せるだけ!
一旦満喫してから
ぴかぴかのシーツ!!
まずは荷物チェック
忘れ物は何かな〜
さ〜〜て
寝起きの私はどれくらい優秀かな〜
重要ランキング
1 パスポート/クレカ
なかったらここにいない
2 ipad, カメラ
忘れたら即買わないといけないけど高価すぎ
3 メガネ
コンタクト外すと何も見えぬ
仕事道具OK
カメラ
充電機
ipad
キーボード
身体のことセットOK
はぶらし
フロス
化粧水
保湿剤
洗顔
いつも用意してるお泊まりセット
日焼け止め
帽子
本
着替えは…
ヒートテック×1
スポブラとパンツ×2
片っぽのてぶくろ
(ポケットに入ってた)
くつ下×3
なんだこのかたより方…
※服は一枚もない
…
メガネは?
視力0.02以下→
重要度上位のものを忘れてしまいました!!

メガネの完成を待つ間のお散歩

Day2 桃園 Taoyuan

今日のお買いもの

いつも使ってるタイプのメガネ
いつもなら買わないかわいいメガネ
ポーチ
替えメガネふき
メガネふきスプレー
メガネのネジしめるやつ

大倉酷眼鏡のメガネ×2
【メガネセット付】
Nt 1,280（6,158円）

しーん…
ゲーセンがわくわくするのは音と光の力だったんだ…
ウィン…
1PLAY 10元

※難易度MAX。入金額が規定額に達せば必ずとれる。

クレーンゲームだけがある空間が町中にある。（店内は暗くBGMもない）

冷たい小雨が降るどんよりとした桃園はなんだか暗っぽく、街全体が裏路地みたいな雰囲気で居心地がよかった。

駅に設置されたウォーターサーバー、いつも見る雑草のセンダングサの仲間、漢字がいっぱい並んだすき家のメニュー、歩道の真ん中に置いてあるイス……。台湾には、日本で見たことある気がするけど実は見たことがない次元がずれたような光景が広がってる。いきなり知らない世界に放り込まれると怖いから、ちょうどよかった。

今日は買い物の日。忘れ物を買いに行く。メガネを作って、次に薬局でハードコンタクトの洗浄液を買って、ダイソーで折り畳み傘を買った。

前もそうだったけど、海外でハードコンタクトの洗浄液を探すのはとても大変だし高級だ……。次こそ絶対に忘れないようにしよう。時間はかかりつつも、必要なものをみんな揃えることができた。

台湾にくる前、とにかく不安だった言語問題。「言葉はどうしよう？困ったことがあったらどうしよう？」って。だけど、買い物難易度の高いメガネを作れたし、必要なものをみんな揃えることができたので少しだけ自信が湧いてきた。相手のやさしさとスマホの翻訳に頼ってばかりではあるけれどね。

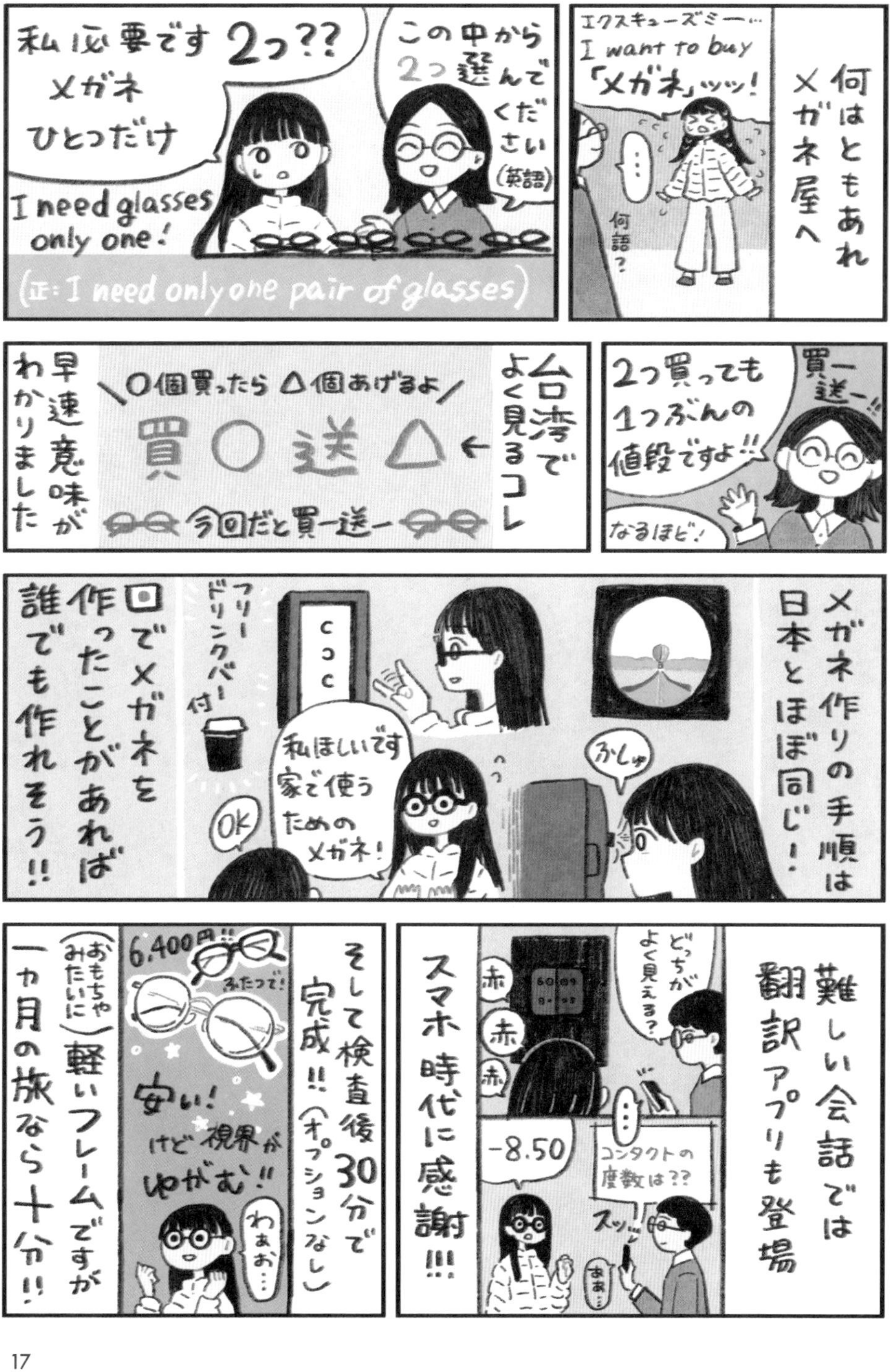

何はともあれメガネ屋へ
エクスキューズミー…
I want to buy
「メガネ」ッッ！
…
何語？
この中から2つ選んでください（英語）
2つ？？
私必要です メガネ ひとつだけ
I need glasses only one!
(正: I need only one pair of glasses)
買一送一!!
2つ買っても1つぶんの値段ですよ!!
なるほど!
台湾でよく見るコレ
＼○個買ったら△個あげるよ／
買○送△
今回だと買一送一
早速意味がわかりました
メガネ作りの手順は日本とほぼ同じ!
ふしゅ
私ほしいです 家で使うためのメガネ!
OK
フリードリンクバー付!
でメガネを作ったことがあれば誰でも作れそう!!
難しい会話では翻訳アプリも登場
どっちがよく見える？
赤
赤
赤
…
スマホ時代に感謝!!!
-8.50
コンタクトの度数は？？
スッ…!
ああ…
そして検査後30分で完成!!（オプションなし）
6,400円!!
ふたつで!
安い!
けど視界がゆがむ!!
わぁお…
（おもちゃみたいに）軽いフレームですが一ヵ月の旅なら十分!!

Day3
桃園
Taoyuan

日本みたいな景色

答え：「9割の値段」つまり 10%OFF

今日のお買いもの

ふわふわ上着

台湾、思ったより寒い。
部屋でも外でも着れる
防寒着を購入。

綿Tシャツ

本当は旅中は
乾きやすい麻か
ポリエステルがいい。
でも綿が好き！

台湾のプチプラ
ファストファッション
NET.
で洋服を買いました！

壁いっぱいにファンシーなイラストが描いてある、子ども部屋みたいな部屋で目覚める。広くていいベッドだった。なのにベッド横のサイドテーブルには子ども部屋には似つかわしくない四角いビニールに包まれた小さいなにかが置いてある。

そう、今回の宿は明らかにそういう宿だった。入り口に「休憩」っていう文字あったもんな。安いホテルを選ぶとこうなることが台湾では時々あるのだ。正直、このアメニティさえなければ気付けないとは思うけど。

さて、このラブホは朝ご飯付き。フロント横にある、小さな食堂スペースで朝ご飯を食べる。隅っこにいくつもの大皿が置いてあって、それを自由に取っていくスタイルだった。料理は全部茶色っぽくて、スパイスの匂いがして……油っぽいけどすごくおいしくて気に入った。

朝ご飯を食べにきた人は私以外いなくて、ただ、宿のおばさんが私と同じように朝ご飯を食べながらテレビを見ていた。その、なんでもない朝ご飯の時間がなんだかよかった。

現金が手に入ったら、こういうローカルご飯をたくさん食べたいな。早く使えるようにならないかなあ、海外キャッシング。ちなみに、万が一海外キャッシングの審査が通らなかったら、私の旅はここで終わります（交通系ICカードのチャージが現金でしかできないから）。

今日はなけなしの現金にぎりしめてローカル飯に挑戦です
なんかよさげ
おいしそ〜
知らない言語での注文方法
スマホでメニューの写真をとり
料理名を指さす
…?
This please
Have here Please!
英語通じてないけど"つい言っちゃう
あとは笑顔で!!
謝謝
Thank you〜
味のついたもち米!!と魚でんぶ!?
超うま
見守られていた
めっっちゃおいしかったです
筒仔米糕
青菜湯
40元
30元
↑湯=スープだ!
青菜=野菜という意味っぽい??(今回はレタス)
70元=350円弱
まず覚えるべきは「おいしい」と「これください」だな…
このあとスマホで覚えた「おいしい」を伝えたらとても喜んでくれました。
好吃《ハオチー》

Day4

桃園 → 新竹

Taoyuan　Hsinchu

さむい
もうムリ…!!
おもい
ゴンッ
ゴンッ

今日のかわいい
10元で買える
今川焼
紅豆餅や車輪餅といいます。
小豆，カスタード，たくあん などの味があった！

紅豆.奶油.菜脯

路地裏から続く緑道

桃園は今日も雨。最後までどんよりとした街だという印象を持ってしまったけど、晴れていたらまた違った印象を持つんだろうか。旅をしている時のその土地の印象には、いつも天気が深く関わっている気がする。晴れていて天気がいいときは大体その場所のことが大好きになるのだ。そして暗い曇りだと、なんだかぼやっとした思い出になってしまう。雨の時は、場合によるけれど……結構好きかもしれない。

桃園からバスで大渓老街《だーしーらおじえ》という場所へ向かう。バスの窓にくっ付いた水滴がきれいで、流れる森の緑がつややかで、結構好きな雨の日だった。

大渓老街はずいぶんと観光地で、雨でもしっかり賑わっており、色々なお店があった。

路地裏の先にある緑道を散歩して、通りを逸れたところにある公園の遊具で遊んで、寺院からこぼれるお香の匂いを嗅ぎながらベンチで休憩して、へんてこな置物や猫を愛でて……そうだ、10元で食べられる今川焼きみたいなの（紅豆餅）がおいしかったな。それから人がいっぱい並んでいる屋台を見つけたから、自分も真似っこして並んでみて、うまく注文できなくて少し落ち込んで。

うん、荷物の重たさと寒さを除けば、けっこう楽しかったなあ。その後は電車で新竹《しんちゅー》へ移動。

新竹《しんちゅー》ひとロメモ　ＩＴ関連の企業が集まり、「台湾のシリコンバレー」と呼ばれている。工業団地が数多く立ち並び、そこで働くインドネシア人やベトナム人などの姿も目立ち、国際色豊かな印象の街である。名物は米粉《ビーフン》。

桃園駅からバスで山の方の老街へ
大溪老街
日本統治時代に造られた街並が美しい!
都会から少しずつ山に近づく道程を
台湾の音楽を聴きながら過ごしました
台湾の自然巡りにおすすめのアルバム
棲居在溪源之上
Seeking the Sources of Streams
(cicada)
この音楽が生まれた場所
ーで
聴ける贅沢…
雨とバスの音が混じる中で聞く音楽は格別で
この旅をより美しくしてくれる気がしたのでした

Day5

新竹→台中
Hsinchu　Taichung

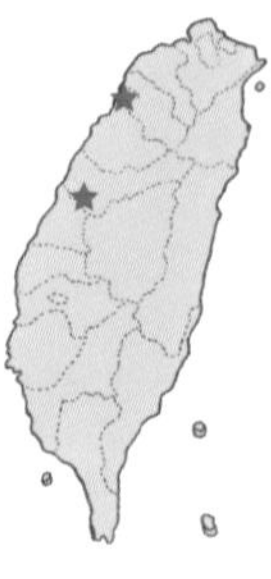

美しい風景が
一瞬ですぎ去る
電車の窓景は
特別おもしろい

新竹の市場

レギンスがほしいの？
こっちよ!!
英語
ありがとう、でも見てるだけで…
ほら!! これなんてどう!?
ベリッ
これにしなさいよ！
あけた!?
ほら!!
ん？
ん？
はいはい…買います…
しゅるっ
強火の接客…!!!
あけちゃったら買うしか…

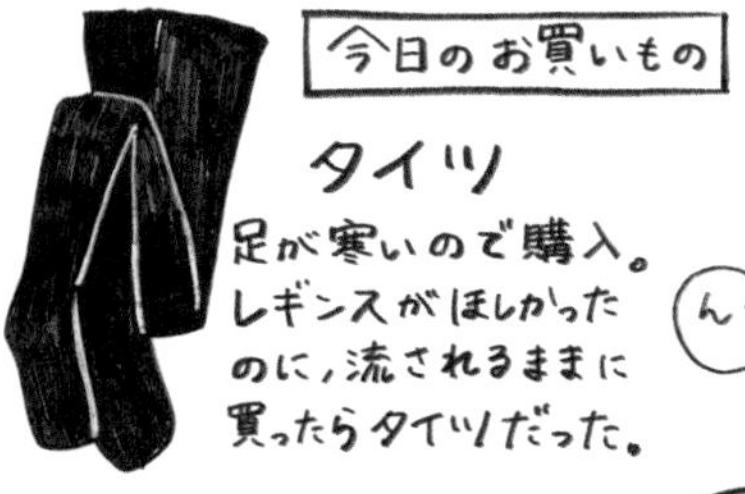
今日のお買いもの
タイツ
足が寒いので購入。
レギンスがほしかったのに、流されるままに
買ったらタイツだった。

wǒ zhǐ shì kàn kan
我只是看看。
I'm just looking.
見てるだけです。
ふむふむ
って言えるようになりたいな〜

朝の私は、非常にどうしようもなかった。並んで手に入れたおかずクレープはおいしくないし、140元（700円）したコーヒーは好みの味じゃない。行くあてもないから公園のベンチに座り、遊具ではしゃぐ子どもたちを見て、自分が疲れているということを自覚する。

私の旅はいつもこんな感じだ。癒し旅とは程遠い。知らない場所は緊張するし、重いものを持ちながら毎日十何キロも歩き回るのはしんどい。そして今日はやけに胸のなかでなにかがつっかえている。どうかこの先にいいことがありますように、と願いながら駅に行き、電車に乗り込んだ。

都会の風景が過ぎ去り、畑や海の景色が増える頃にはだいぶ心がおだやかになっていた。ふと窓の外を見ると、雲の隙間から光が漏れていることに気が付いた。さらに眺めていると、その光は徐々に地面に差し込んで、そっと自分の中にも入り込む。そうして、胸の奥の嫌な感じを少しだけ溶かしてくれたのだった。

おかげで元気が出て、大甲《たーちゃ》駅で途中下車をしてリュックサックを手に入れられた！　そして気が付いた。朝の嫌な感じは、荷物が重いことによる疲れ＋雨曇への悲しみが続いたからだと。旅と買い物はいつも私を少しだけ自由にしてくれる。

台《たい》中《ちゅん》ひと口メモ

台湾第2の都市。台北に比べて物価が安く、気候が比較的穏やかなため、台湾の人にとって「住みたい都市 NO.1」といわれている。現在、高鐵（台湾新幹線）を使えば台北へ約1時間という地の利もあり、2021年には台北、高雄に続いてMRT（地下鉄）が開通した。必要なものはなんでも揃うので、長期滞在や移住先に台中を選択する日本人が増えているらしい。

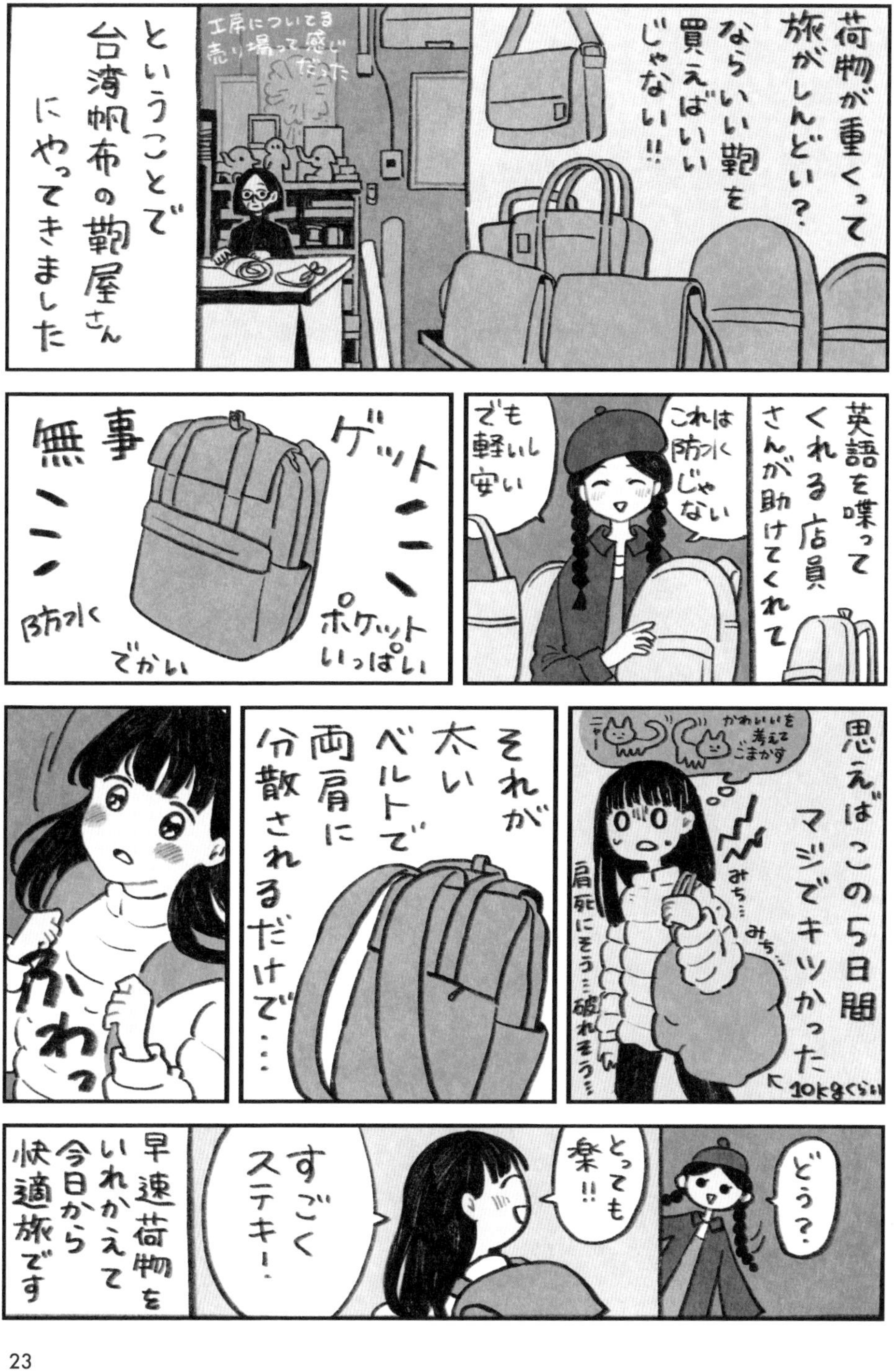
荷物が重くって旅がしんどい？
ならいい鞄を買えばいいじゃない!!
工房についてる売り場って感じだった
ということで台湾帆布の鞄屋さんにやってきました
英語を喋ってくれる店員さんが助けてくれて
これは防水じゃない
でも軽いし安い
無事
ゲット
防水
でかい
ポケットいっぱい
思えばこの5日間マジでキツかった
かわいいを考えてごまかす
ニャー
みち…
みち…
肩死にそう…破れそう…
10kgくらい
それが太いベルトで両肩に分散されるだけで…
かわっ
どう？
とっても楽!!
すごくステキ！
早速荷物をいれかえて今日から快適旅です

地瓜球
もっちもっちさつまいも揚げボール

Day6

高美湿地

Gaomeishidi

今日のおいし〜夜市ごはん

水餃子
つるんともちもちあつあつギョーザ

高美湿地と風力発電

道路脇の小さめ夜市
中華路夜市
台湾のカフェやお店は大抵持ちこみOK
夜市も！

自然に触れたくて、バスで高美《がいめい》湿地《しーでぃ》に向かった。大きな風車がたくさん回っていて、向こうのほうに灯台があった。曇っていたから夕日は見られなかったけど、空が広くてきれいなところだった。

強い風のせいでなんだかくらっとする。時々訪れるこの瞬間はとても面白くって、大好きだ。耳が冷えて頭は痛いし髪はボサボサだけど、もう、前しか見えなくて、それにのめり込む感じがなんだか好きなのだ。

ここにきてやっと、フィルムカメラで写真を撮ってみた。しばらく水辺でぼうっとしていたけれど、写真を撮るからどいてくれと言われて退散。人、めっちゃ多かったなあ。でもみんな水辺が好きで集まっているっていうのが、生き物っぽくて面白いな。

少しずつ台湾にも慣れて、やっと夜市に行く勇気が湧いてきたので、夜ははじめての夜市（中華路夜市）へ。

英語が通じるお店は少なくて、ほとんどがジェスチャーでの買い物だったけれど、みんなやさしかった。ニュージーランドを旅した時は、言葉が通じないと結構冷たくされることが多かったからちょっと安心した。よく言われる、台湾の人はやさしいっていうのはこういうところなのかもしれない。

高美湿地《がいめいしーでぃ》ひとロメモ　台中市の大甲渓河口の南側に約３００ヘクタールに渡って広がる湿地帯。「台湾のウユニ塩湖」と呼ばれている。

こちらは台中《たいちゅう》
水ギョーザ食べたい…
はじめての夜市!!
置いてある紙に
店内 内用
外帯 持ち帰り
水餃1粒 7 6
価格 数
カキ カキ
色々書いてわたすだけ!!
全店このシステムにしてくれ〜っっ
そうそう そう〜なの
ここではじめての超台湾語※
※こちらが分かってなくともおかまいなしにしゃべってくれる!こと。
ぱし ぱし
(至少10顆)
※加點以5顆為一單位
湯類
辣湯(小) 45
ああ!!
"10個以上から"って意味かな
しゃべれなくても気にしない感じありがたいな…
呆れて無視されない〜!
謝謝
うまっっっ
好吃《ハオチー》!
手工水
JAPAN?
是《シー》
(はい)
観光客に優しいのありがて〜っっ

牛肉麺を待ってる間…
サ
ガ
冷蔵庫から勝手にとってる…??
ドキ
ドキ
本当にとっていっていいのか…!?
とドキドキしながらビールをとります。
いつもやってますよ感を出しているつもり
ウぁ〜ん〜?
?
…
Drink?
Yes
飲み物を飲んだかはお会計の時に聞かれます。

Day7 台中 Taichung

白い鳩がいっぱいの台中の公園

今日のおいしい

牛肉麺

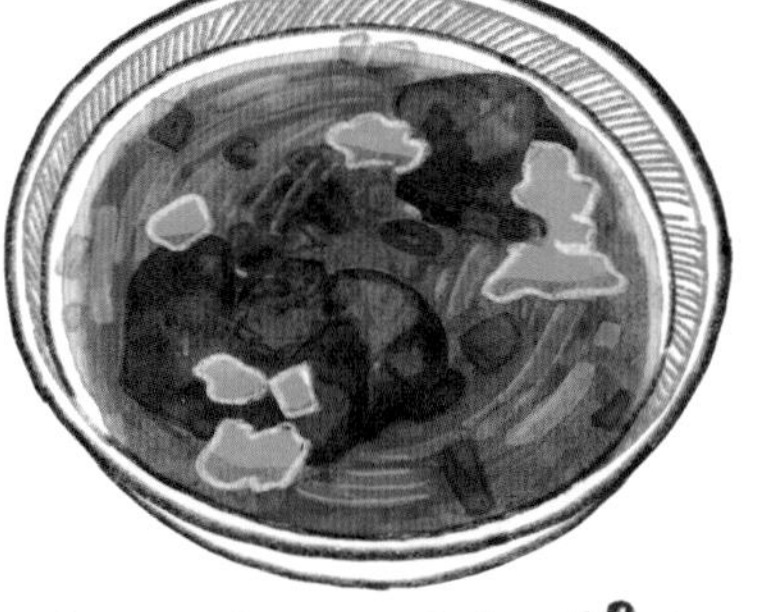

牛肉のうまみがたっぷり、
しかし くどくなく うまかった

仕事が佳境に入ると、仮眠ばかりの生活が続く。そうしてどんどん日の境界が曖昧になり、変な生活になってしまうのだ。

ホテルで絵を描き、カフェで絵を描き、公園で絵を描き……そんな中、台中《たいちゅう》の美術館にふらっと行ってみたら休みだった。ちょっと残念だったけど、休みの日の美術館の庭って人が少なくてとてもいい。日曜日の市役所前とか、夏休みとか春休みの学校の雰囲気がある。用事があるわけじゃないけど、なんとなくそこにいる人たちだけの空間。天気もよくていい気持ちだったのでしばらくそこで絵を描いていた。

その後、台中駅からバスで1時間半ほどかけて、日月譚《リーゆえたん》という湖へ。相変わらず仕事が終わらないので、少しでも楽しい場所で仕事をしたくて移動します。

日月譚に着いた時はすでに日が暮れていた。暗くてよく見えないけど、湖沿いの緑がたくさん見える（はず）の大きな窓のある部屋を取る。明日の朝がとても楽しみだ。

しばらくしてから、バスにダウンを忘れてしまったことに気が付いて慌ててインフォメーションセンターに駆け込む。だけどもうなかった……。さようなら、唯一の防寒着！

朝起きて
シャワー浴びて
洗濯をして
乾燥機かけに
行くついでに
コンビニで
朝ごはん
日本のよりでかい気がする！おいしさはビミョ〜
肉まん
アメリカーノ
具がみっちりでうまいっっ
花椒が入ってる味が好き
あとは
仕事
仕事
仕事・・・
もう夜っ
今日は台湾らしいことを何にもしてないな〜
日本での生活と全く同じだ・・・
麻糬
わらびもち？
もち〜〜ん
うまっっ！
超やわやわのモチ〜
だっっなにコレ!?!!
香ばしキナコも最高っっ
麻糬
もち米粉に水を加え練ってから蒸す（ゆでる）
日本と同じ生活の中に「知らない楽しい」がちらばるのが嬉しい日!!

今日のカメラ
Nikon
FE2
フィルムカメラ
Nikon FE2
あとは
FUJIFILM
X-E4

Day8 日月潭

Riyuetan

日月潭は山に囲まれた高山湖

晴れたいい日の自転車は最高

宿の人が教えてくれた山の上にある日の出スポットに行ったら、日月湖がほとんど見えなかった。笑っちゃうくらいなにも見えなかった。聞き間違えたんだろうなあ。

山を降りて自力で見つけた日の出スポットは、最高に美しい場所。大きな山から太陽がゆっくりと顔を出すと、空と湖がゆったりと光って、この場所に朝がやってきた。

自然のグラデーションが輝いて、朝一番の冷たい空気をたっぷり含んだ風が吹いて、魚が跳ねる音がして、緑と水のいい匂いがした。それがあまりにも幻想的で、美しくって。ここにこれてよかった、と強く思った。

昼間は少しだけ自転車にも乗ってみた。自転車はとってもいい。身ひとつで風の中を突っ切って、身体中で前に進むから、その土地をよく感じられるのだ。

銀木犀《ぎんもくせい》の香りを通り過ぎる。歩いている人たちが楽しそうに話している。波がキラキラして眩しい。豪華な装飾の付いた船がゆらゆら揺れている。ずっと目に入る水墨画みたいな山々が本当にきれい！

それからバスに乗り、水里《しゅいりー》という町で降りてみた。一番安い宿に飛び込んでみたら、アプリで検索した時よりも安い金額を提示されたのでとっても嬉しい。さらに宿のご夫婦が教えてくれた近所のご飯屋さんがびっくりするほどおいしかった。いい日だなあ、今日ってやつは。

日月潭《りーゆえたん》ひと口メモ　台湾では唯一海に面しない内陸県である南投《なんとう》県の標高７００メートルの場所にある淡水湖。

もう少し向こう行きたい
早起きして
湖へ
…
きれ〜…
景色を見て「絵画みたい」と本気で思ったの
はじめてでした
版画みたいな
平面の美しさ…
吉田博の世界みたい
まず青をしいて
薄い黄で下から
グラデーション…
メインの山を
描いてから手前に
重算で手前に…
脳内おえかき
あと今見てる風景の
作り方が見えたのもはじめて

Day9 水里 Chuili

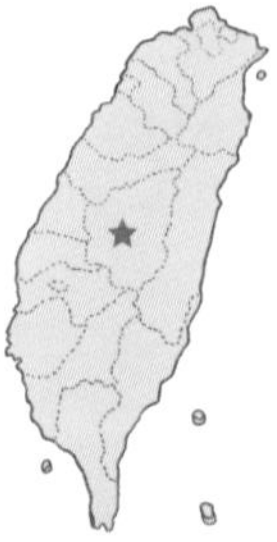

今日の名物

地元の食材で作られた手づくり水餃子

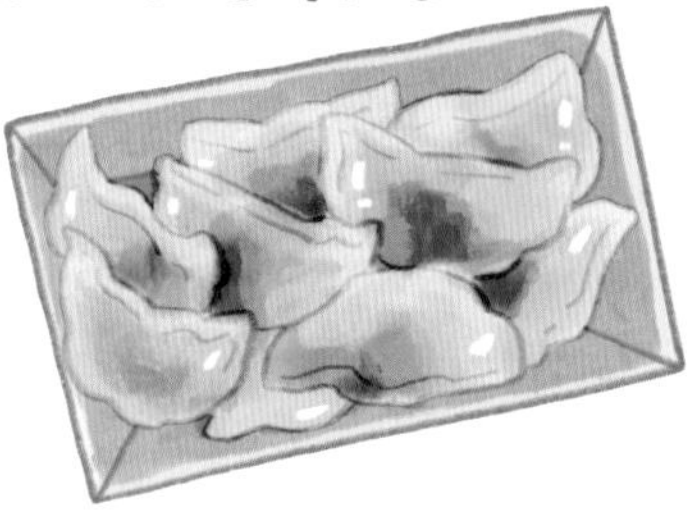

電車のこない水里駅にて

ドラゴンフルーツアイスクリーム
紅龍冰淇淋
22元（110元）
パッションフルーツアイスキャンディー
百香果冰
10元
（50円）

二坪氷店と二坪大観冰店のアイス

水里ガイドブック
若かりしころの店主さんだ
机においてあった古い水里ガイドブック

気になっていた阿里山《ありさん》という山が近くにあるので、水里でもう一泊することにした（阿里山行きのバスが早朝しかないから）。

朝、フロントに行ってもう一泊したい旨を伝えると、笑顔で了承してくれた。この宿のご夫婦はとてもやさしい。昨日教えてもらったご飯屋さんは、台湾で食べたご飯の中で一番おいしかった。……って言ってみたけど、ちゃんと伝わったかな。

水里、暑い！ 椰子の木がたくさんあるし、八百屋さんには南国フルーツが並んでいるし、アイス屋さんのメニューにはドラゴンフルーツアイスかパッションフルーツアイスがある。食べ物がおいしくて安いし空気があったかいし、景色がいいし、なんだかここに住みたくなってしまった。

水里駅が属しているローカル線「集集線《しゅうしゅうせん》」自体、すごくいい路線の香りがする。明日、阿里山に行くのをやめて駅めぐりの電車旅をするかすごく悩んだのだけれど、ここはいつかの日まで取っておくことにした。焦らずゆったり周りたいもの。そのくらい、この水里周辺の雰囲気が大好きになったのだ。

夜は宿の近くにあった、おばちゃんがやっている水餃子屋さんへ。とてもおいしいし一言も英語通じなかったけどなんかお互い楽しくって適当に話しながらずっと笑ってた。水里楽しい。

水里《しゅいりー》ひと口メモ

南投県にある緑豊かな自然で囲まれた小さな町。
日本統治時代から続き、現存する台湾最古の蛇窯がみられる焼き物の里として有名である。

湖を降りた所にあった町水里は
あたたかくてゆったりした南国のような町
は～っ
幸せ…
しかしここから問題だらけ!!
電車が
運休
工事で
なので、バスで隣駅へ行き、
遊び、
ダムみたり散策したり
偽のバス停情報に惑わされ
終バスを逃す
キョロ
キョロ
来ない…
ぶーん
3kmだから歩けるけどね…
超まっくら…
ブゥウウン
!!
キッ
I wanna go to the station ……
水里駅の地図
台湾での最初(で最後)のヒッチは優しいおじちゃん
ぶーん
本当にありがとう…

Day10

阿里山

Alishan

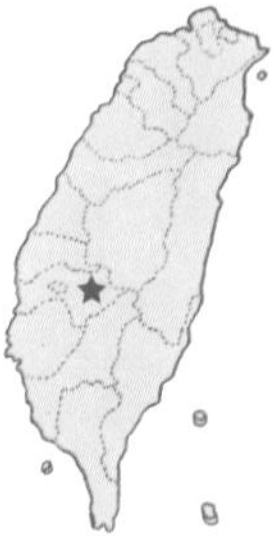

山頂の展望台からの風景

1月の桜!! 日本は雪なのに!!
春の先行プレイだ

今日の移動手段

阿里山鉄道のディーゼル車

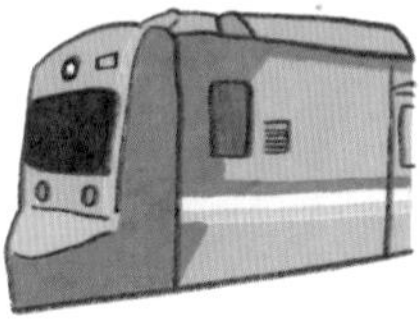

なんとか乗れた台南行きの電車

電車もバスもこれ1枚!!
交通系ICカード

悠遊カード(EASYCARD)

コンビニなどのお店でも使えるよ
阿里山鉄道では使えないけど
悠遊カードで切符を買えたよ

台湾ってもしかしてバスの時間適当？ 運転も適当？ ということに気が付く。時刻通りにこないし、信じられないくらい運転が荒いし、昨日はバス停すら書いてある場所と違ったし。運転はさておき、私の地図アプリとの相性が悪い可能性がある。だから今日の阿里山行きも不安だったのだけれど、なんとかバスを乗り継いで無事にたどり着くことができた！

阿里山は観光客だらけで想像していた場所とまったく違ってびっくり。勝手に静かな山かと思っていた。こんなに観光客向けの場所だったのか。

とはいえ、整備されているおかげで歩きやすいし、観光電車が楽しいし、展示室もしっかりしている。人が多いことを除けば過ごしやすい場所だった。

ここで朝日チャレンジをすると、美しい雲海を見ることができるらしい。自力で山登りをするのがきつい年齢になったらまたきたいなあ。景色はきれいだし、森もいい感じ。結局、最終電車を逃して、また歩くことになるくらいにはゆったり過ごしてしまった。

それにしても家族連れが多くてびっくり。春休みか……？

その後、色々乗り越えてなんとか電車に乗り、夜は台南《たいなん》に移動。ホテルのロビーが広くて、お菓子とアイスが食べ放題でうれしかった。

阿里山《ありさん》ひと口メモ　嘉義《じゃーい》県にある阿里山山脈を中心とする山岳地帯のこと。南投の日月潭、花蓮の太魯閣《たろこ》に並ぶ台湾３大観光地の１つ。

阿里山〜台南へ行く途中の駅にて
改札に入れない事件が発生
!?
ビーッ
ビーッ
あなたどこから来たの？？
(英語)
水里からバスで阿里山に行き、途中で3回乗り降りしてます
(必死)
カキ
カキ
カキ
駅員さん→
すみません…
う〜ん
皆が何に不信がってるのかも分からない
Sorry…
ただ駅員さんたちが優しい…
欸
(ねえ)
はいっっ
(訳)
あなたの入場記録は水里で止まっている
本当に電車に乗らなかったのですか
もちろんです
バスだけ！
昨日も駅に入りましたが電車は来ないのでバスで…
…
あっっ
その時の入場がそのままなんだ
それじゃん!!!
すみませんでした!!!

Day11 台南 Tainan

今日のオススメ果物

手でむいてスプーンで食べられる

火龍果（ドラゴンフルーツ）

あっさり
ジューシー甘い！
実が赤いのが好き。
日本で食べたやつより
ずっとおいし〜

まんまかじる

蓮霧（レンブ）

サクシャク
あっさり甘い！
りんごみたいで
みずみずしくて
おいし〜

みんな夕陽が大好き

半パンを手に入れた。一気に涼しくなった！　タンクトップと半パンだけ着て、残りの服を全部洗濯機に押し込む。

軽くなった身体で台南の街をお散歩。24時間やっているホームセンター的な商業施設があったり、よくわからないけどおしゃれな場所があったり、多種多様の果物を並べた市場があったりしてとても楽しい。工芸品店ではドラゴンフルーツ用にスプーンを買った。これでいつでも食べられる！　うれしい。

台湾の建物は植物でいっぱいだ。公道にも植物がはみ出しまくっているし、道の通路には私物がたくさん置かれている。日本だったら違法ガーデニングとか言われるけど、台湾はどうなんだろう？

夕方、宿で自転車を借りて海まで走り、夕陽を見に行った。たくさんの人が海辺にいて、みんな日が沈む瞬間を楽しんでいる。なんともよい光景。

夜は宿の裏にあった深夜もやっているご飯屋さんに行って、おすすめされたラーメンを食べた。とってもおいしかったので全部食べ尽くしたら、こんなに食べてえらい！　と褒められた。やった！　そういえば中国語圏って少し残すのが礼儀とかいう文化があったかも……と一瞬どきっとしたが、調べたら問題なかった。そりゃそうだ。おいしいものはしっかり食べ尽くそう。

台南《たいなん》ひと口メモ　台北、台中、高雄に次ぐ、台湾の第４の都市。清代や日本統治時代の面影を残すノスタルジックな雰囲気が魅力的。食べ物が安くておいしく、グルメタウンとしても人気である。

台南
暑い
こう暑いと洗濯が捗《はかど》るものです
しゅううう…
深夜3時のランドリー
24H Coin
誰にも会わなかったな…
反対の道から帰ってみよう
タクシーの行列？
こんな夜中にただの道で…
バタン
！
そこには食堂がありましてひっそり賑わっておりました
今日も一日おつかれさま

お祭りみたいな道

Day 12 台南 Tainan

五角形の建物にフラクタル構造の屋根
（台南市美術館２館）

地元の子にまじって
図書館ですごす…
勉強スペースの
感じが日本すぎて落ちつく

今日の道ばたさん

象棋（シャンチー）
というらしいです
帥
將
中国やベトナムの伝統的な将棋

水里で気付いたけど、私は大きな地方都市の〝街〟よりもその途中の小さな〝町〟の方が好きみたい。台南周辺にもそういう小さな町が色々あるので、そこにも行ってみたい……のだけれど、この旅も日程的にはもう折り返し。ここから頑張ってどんどん進まなければいけない。

今日は日曜日。街には人が溢れかえっていた。見慣れない将棋をしているおじいちゃんたちがいたり、子どもたちが駆け回っていたりして、休日感が溢れてるいい日だった。

だから、人がいっぱい並んでいるご飯屋さんの列に加わってみたりして、私も台南を楽しんでみた。行列に並ぶなんて日本ではやらないことだけど、こういう時はやりたくなるんだよな。

そんな感じで歩き回っていたら午後になってしまったので、今日も台南で一泊することに。

普段通りの仕事量をこなしながら進むので、机がある部屋がある宿を選びながらの旅である。場末の古い宿なら、個室でもバッパー（バックパッカーズホステル）と変わらない料金で泊まれるのでうれしい。

今日は疲れたので夜ご飯はコンビニで。シャワーを浴びて、クーラーが効いた部屋で食べるコンビニご飯のおいしいことったら！

台南
今日も暑い
きびしい
涼しい場所…
あと荷物が置けるとこ…
台南市美術館
美術館へ入ると（冷房を求めて）
有名な彫刻が台北から出張してきていた
翠玉白菜
世界一有名な白菜!!
翡翠だ
台湾には有名な豚の角煮の彫刻もある
肉形石
少し先にある1号館も
めちゃいい中庭→
川の模様みたいなつぼ↙
落ちついていてとても居心地がよかったです
歩きまわって疲れたのでもう一泊！
台南で一番安い古宿をとったら
バスルームに絵画のステンドグラスがあってウケました。
芸術の一日
ミュシャだ

高雄灯台と夕焼け

Day 13
高雄
Kaohsiung

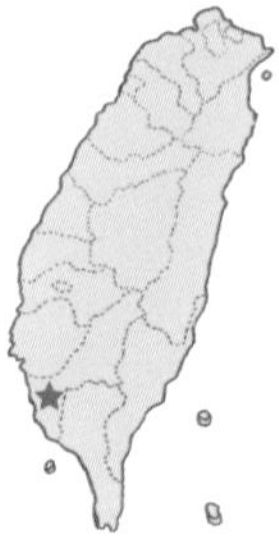

たった3~5分の船旅だけど
目的地にゆっくり近づいていく
感じ、とてもわくわくする

100円台で
乗れた気が
する(自転車込)

今日の台湾スイーツ

人来走走の雪花冰

味のついた氷を使った
ふわっふわ食感が特徴の
台湾かき氷。フルーツたっぷりおいし~

宿で自転車を借りて船着場に行き、旗津島までのフェリーに乗り込む。少しずつ近付いてくる半島と灯台に胸を躍らせるこの時間、いい旅してるな~っていう気持ちでいっぱいになる。

高雄《かおしゅん》灯台は信じられないくらい人が多かった。建物も展望も素晴らしいので、そりゃ人気だよな。

灯台の中はギャラリーになっており、世界の有名な灯台について書かれたパネルがあった。世界で一番大きい灯台、一番北にある灯台、一番古い灯台……それを見た時、がやがやしていた周りの音が一瞬消えて、かつてないほどドキドキして、すぐにうれしくなった。

最近の私はずっと、ふわふわしていて、いつもちょっと空中に浮いている気分だった。心からしたいことがなにもなくて、楽しいのにいつも心に小さな穴が空いているような気持ちだったのだ。

だけど今、その穴に薄い膜がかかった気がした。私、世界中の灯台が見たい。たくさんの人たちの道標になってきた、孤独で美しい建物と光を見たい!

やりたいことはなんですか? という質問がきたら、今日からはちゃんと言える。「色んな国の灯台を見てみたいです」って。自分の趣味が増えた瞬間をちゃんと認識したのははじめてだ。ここにこれてよかった。

高雄《かおしゅん》ひとロメモ 国内最大の港を有する台湾第3の都市。東京、大阪、名古屋、福岡からの直行便がある。長年再開発を続いているおかげか、想像以上に都会的な雰囲気を持っている。

私の台湾旅はジェスチャーと予想の旅
メニュー記入式 め〜っっちゃ助かる
苦瓜湯 25元
燙青菜 30元
米糕 35元
謝謝
「今行くよ待ってて」かな…
相手の話は全く分かりません…
でも大丈夫!! ごはん食べられるし皆優しいしっ
だから言語覚えられない
今夜のローカルごはん
苦瓜湯 25元
燙青菜 30元
米糕 35元
ハオチー シエシエ
90元で満腹!!
100元
200
…え?
不是《ブスイー》…
んなわけ
(いいえ)
200
むむっっ
不是。
ninety.
きゅうじゅう。
ちがう
青菜 30
飯 35
十湯 25
90
You got it???
しゃべれなくても強い心で…

Day 14
車城
Checheng

海風が気持ちいい高雄の港

夕方のおすすめ曲

落日飛車
Sunset Rollercoaster

slow

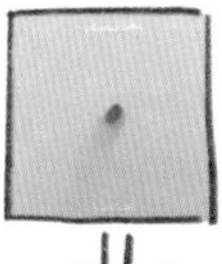
villa

電車からバスに乗り換えて，最南までの旅

台湾鉄道の駅弁!!
(これ以外は売り切れ…！)

みちみちの
豚肉がすごい。
野菜とたまごも
食べれて大満足。

今日の電車旅のおとも

臺鐵便當本舗の
臺鐵《たいてつ》便當《べんとう》
「懐かしのスペアリブと野菜ごはん」100元

高雄でアヒルにまみれた（左頁参照）あと、電車とバスを乗り継いで車城《ちょーちぇん》へやってきた。

今日の宿もやさしそうな宿主さんと娘さん。予約がうまく伝わっていなかったみたいでスムーズに行かず、翻訳アプリをお互い起動し、高速で打ち込みながらやりとりをすることになった。

一言も喋らず、とにかく画面を見せ合うことで成り立つコミュニケーションが面白い。元々の単語はわからないけれど、翻訳上で私は「美人さん」と呼ばれていたこともなんかいい気分だった。お世辞だとしてもね！　台湾、お客さんのことはとりあえず褒めた方がいい、みたいな文化がありそうだ。台湾の人、とにかく観光客にやさしい。

台湾にくるまでは、お互いの言語が全く違う時ってどうするんだろう？　と思っていたけど、スマホがある今の時代は困ることなくやり取りができるから本当にすごい。

なんとかやり取りを完了させ、お金を払ったのに幾らか返されてしまった。え～なんで～と言ったら、「これは朝ご飯代です。用意できないので」とのこと。こんなに直接的な朝ご飯代って……さらにラッピングされたお香をくれた。楽しいチェックインでした。

車城《ちょーちぇん》 ひとロメモ　屏東《びんどん》県南西部東に位置する小さな町。屏東県は東に太平洋、西に台湾海峡、南はバシー海峡に囲まれた海洋の県。ウミガメに会える島、小琉球《しゃおりゅうちゅう》まで船で渡ることができ、訪れる人が年々増えている。

昨日から不思議だった
何この町…
ヒヨコに寄生された人たち…
広告も電車もアヒル
…の、親玉を見つけた
ラバーダック
黄色小鴨
でっっっか…
海にういてる…
のアーティストによる作品で、台湾では10年ぶりの展示だったらしい…
Florentijn Hofman
…って いつの間に⁉
——というのは冗談で、ちびヒヨコの正体は
15元!
15元!
観光客を狙う非公式のピヨピヨ売買でした。(7人いた)

台湾最南端のベンチ

Day15

墾丁

Kenting

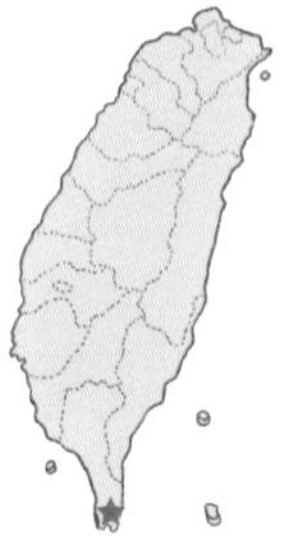

今日のねこ

宿のかわい～ネコ

目つきが鋭いネコ

最南端の野生ネコ
(木の上で大暴れネコ)

ふだんは☆2宿に泊まる格安旅ですが
こもって作業をするために
少しでも楽しくなる部屋を探した日でした。

車城の宿を出て、バスに乗り最南端の墾丁《けんてぃん》へ！

台湾で最も南にある灯台「鵝鑾鼻《がらんび》燈塔」と、最南端の石碑が立っている場所に行った。

今日の灯台もとてもかわいかった。灯台の下は写真スポットになっていて、観光客が入れ替わりたちかわり写真を撮っていた。人によって撮るポーズが違って面白い。

本当は、誰もいない僻地の荒地に立っている灯台が好きだ。台湾にもきっとそういう場所があって、いい自然がたくさんあるはず。だけどみんなが口を揃えて言うんだよなあ……「スクーターか車がないと行けないよ」って。

いつかまた、スクーターに乗って遊びにこよう。この間乗せてもらったスクーター、早くて楽しかった

このあたりは海がとてもきれいな場所。海が見える宿で1日過ごしたくなったので少し高かったけど恒春《へんちゅん》の海がよく見える宿を取った。眺めがよくて豪華な部屋に大満足。

少し歩いて海に行くと、欧米系の人たちが海辺でくつろいでいた。今まで寄ってきたどの台湾の町とも違う、バカンス的な雰囲気が溢れている場所だ。ローカルご飯は少ないのだけれど、近くの墾丁には夜市もあるし、みんなが楽しそうな雰囲気が最高。ここに1週間くらい滞在したいなあ……。

灯台のある最南端へ!
この辺めーちゃいい!!
海キレイだし皆楽しそう台湾でバカンス過ごすなら絶対ここがいい!!
宿は海が見えるシーサイドホテル
バスルームからも海が見える極上のB&B…
世界…キラキラ…
いつかここで最高の休日を過ごすんだ…!!

B&B…Bed and Breakfast。朝ごはん付の宿。

海沿い電車からの景色、一瞬の晴れ間

Day16 恒春 Hengchun

英 どこ行くの？
えっと
駅まで!!
電車で台東に行こうと思ってます 英
日 私もです バスが来ないね
日本語!!!
日本人の英語は「日本人だ!」ってすぐ分かるらしいです。
バックパッカーいいな〜

今日の朝ごはん
宿の子がギターを演奏してくれるなかかわいい朝ごはんをいただきました

ロビーで朝ご飯を食べている間、宿の息子さんがギターを披露してくれた。家族の分を作ったついでに作ったよ、みたいな朝ご飯も家庭料理っていう感じがしてすごくよかった。冷凍の小さいハンバーグに日本の朝ご飯と似たようなものを感じて、朝からご機嫌。ビュッフェも好きだけど、記憶に残る朝ご飯はこういうご飯なんだよなあ。

台東《たいとう》に向かうためにきた道を1時間ほどバスで戻り、今度は電車に乗る。てっきり山手線みたいにきれいに一周できると思っていたのだけれど、そうはいかないみたい。都会の雰囲気は高雄までのようで、ここら辺からはだいぶ空気感が変わってくる。山を越えれば、ついに楽しみだった東側だ。

だけど行きたいスポットまでバスが出ておらず（出ているけど行くと帰れない）天気もよくないので、気になっていた場所を全部飛ばしてとにかく台東に向かうことに。都会はともかくここら辺だったら運転できる気がするので、いつかスクーターでリベンジすることを誓います。そして、春節と呼ばれる旧正月が近付いていることに気が付く。最近の人混みや宿代の上昇具合はかなり気になっていたので、ようやく理由がわかってすっきり。しかし困ったなあ。

恒春《へんちゅん》ひと口メモ 屏東県にある台湾最南端に位置する町。ビーチリゾートとして人気の高い墾丁《けんてい》国家公園の玄関口としても知られている。

薄々気づいていた。
宿代高くなってね？
予約もとれなくね？
ということに。
でもまあ今は台北から遠いし物価も高いのか…
ーーと思いこんでいた
玄関の装飾も
吉大春
道端の祭壇も
やけに多い
ランタンも
これが台湾の日常か〜と思っていた
でも今日やっと分かった
これ旧正月(春節)パワーだ!!
春節運價
春節／旧正月
旧暦(太陰暦)の正月。東アジアの国々で祝される。
確かに広場にはハッピーニューイヤー飾りがあったけど
HAPPY NEW
クリスマスのものもある
ただ片づけてないと思ってた
ちなみに明日から台湾全土で祝日です!!
そりゃ人が多いわけだ…!!
明後日大晦日

40年老店

匂いの先には臭豆腐

Day17
台東
Taidong

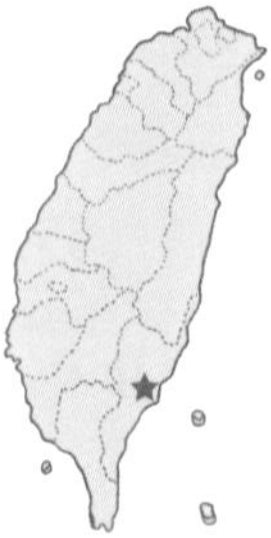

仕事しながら旅の基本のスケジュール

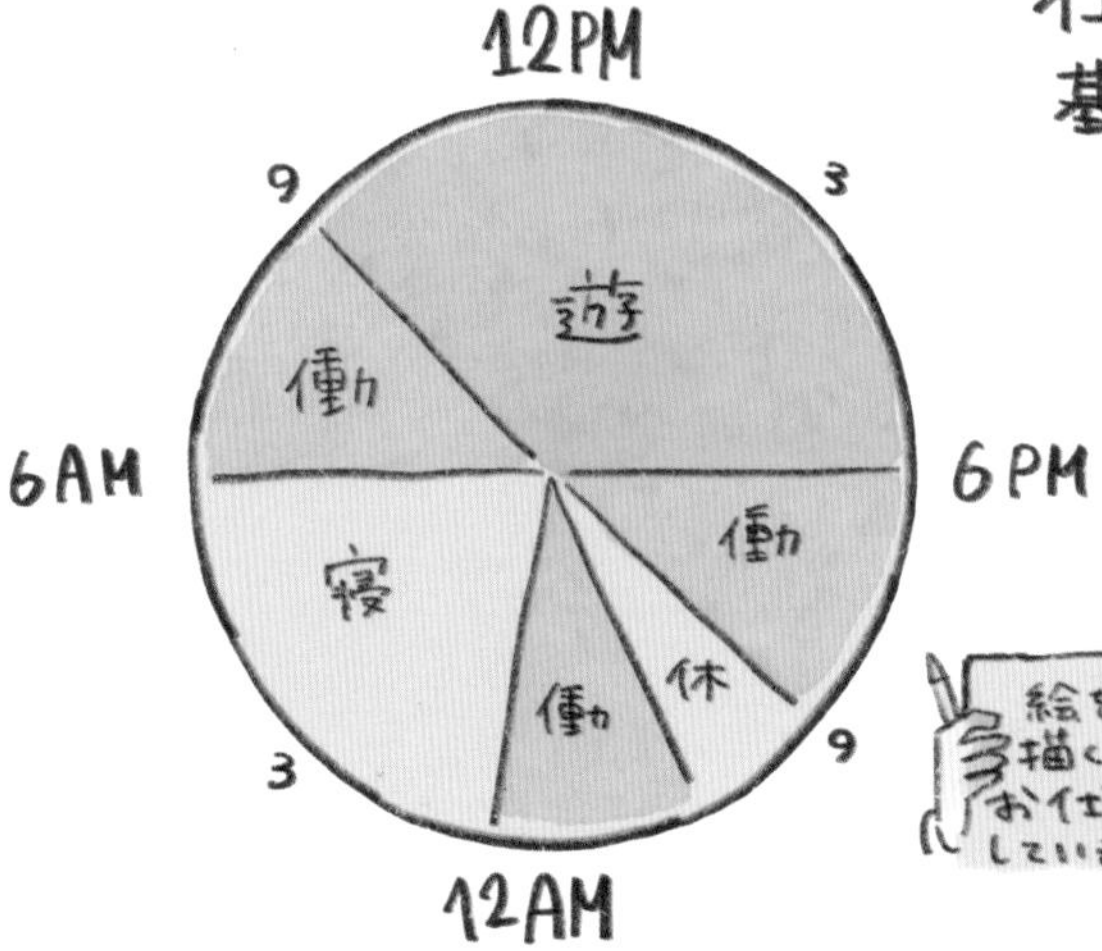
12PM
3
6PM
9
12AM
3
6AM
9
遊
働
働
休
働
寝

台湾たのしい…寝るより遊びたい…
絵を描くお仕事をしています

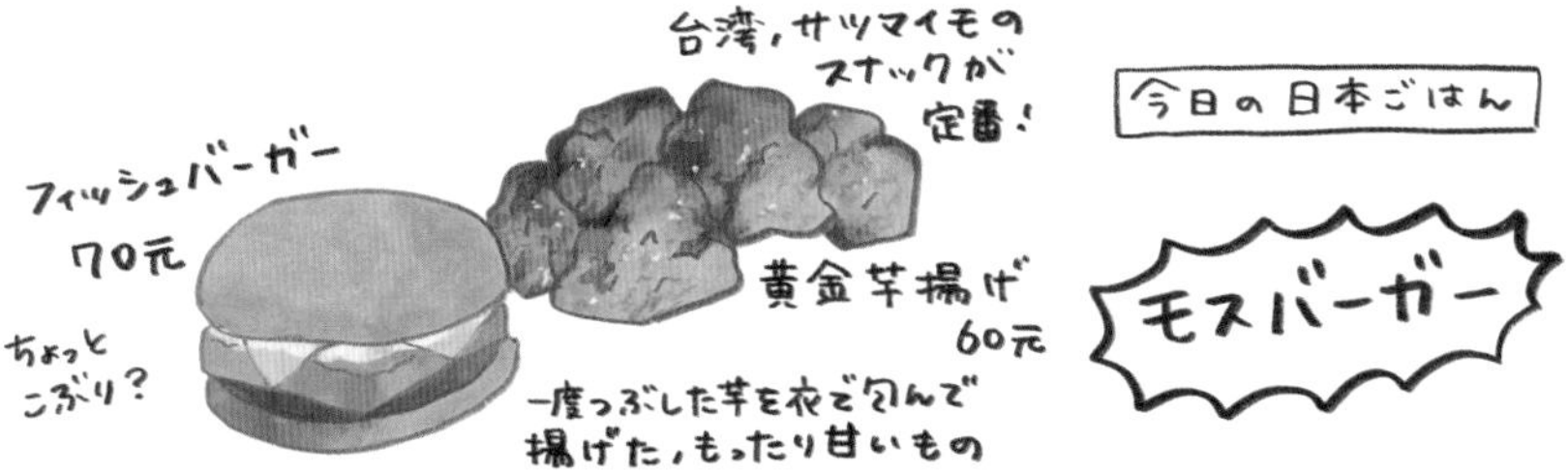
台湾、サツマイモのスナックが定番！
今日の日本ごはん
フィッシュバーガー
70元
ちょっとこぶり？
黄金芋揚げ
60元
一度つぶした芋を衣で包んで揚げた、もったり甘いもの
モスバーガー

いったん台東に3泊することを決めた。行きたいところが思いつかないのと、春節の影響でここから先の宿がみんな高額になっていたからだ。

ここでさらっとオフシーズンの3倍の宿代を出せるくらいのお金持ちになりたい。いや別にならなくてもいいな。ただお金に余裕がなくて困る。いつもだけど。仕事は頑張っているはずなのに……。とりあえず夜市が安くてよかった。という貧乏旅だ。

そういえば、ニュージーランドを旅していた時もずっと貧乏だったな。ジュースが買えず、お湯にレモンを入れ、毎日自炊して、海辺の無料水シャワーを浴びていた。

当時はそれでよかったからいいのだけれど、あの頃に比べたらこの旅は過ごしやすいことこのうえない。200円出せば魯肉飯《るーろーはん》が食べられるし、バッパーだったら一泊1500円くらいで泊まれるし……。

仕事量と金銭的な問題で一瞬落ち込みかけた日中でしたが、自転車に乗ってリフレッシュし、夜市で臭豆腐を食べ、賑やかな音に惹かれてたどり着いた広場で人々の演奏を聴いていたら元気が出てきました。適度に身体を動かして、おいしいものを食べて、いい音楽を聴くこと。私の元気の源です。

台東《たいとん》 ひと口メモ
山や海に豊かな大自然を満喫できることで人気の台東。熱帯に位置するため、冬の期間にアイゼン・ピッケルなしで登頂できる北大武山があり、海ではサーフィン、ダイビング、ホエールウオッチングが楽しめる。また、人口の1／3以上が先住民族で構成され、先住民の割合が台湾一高い。

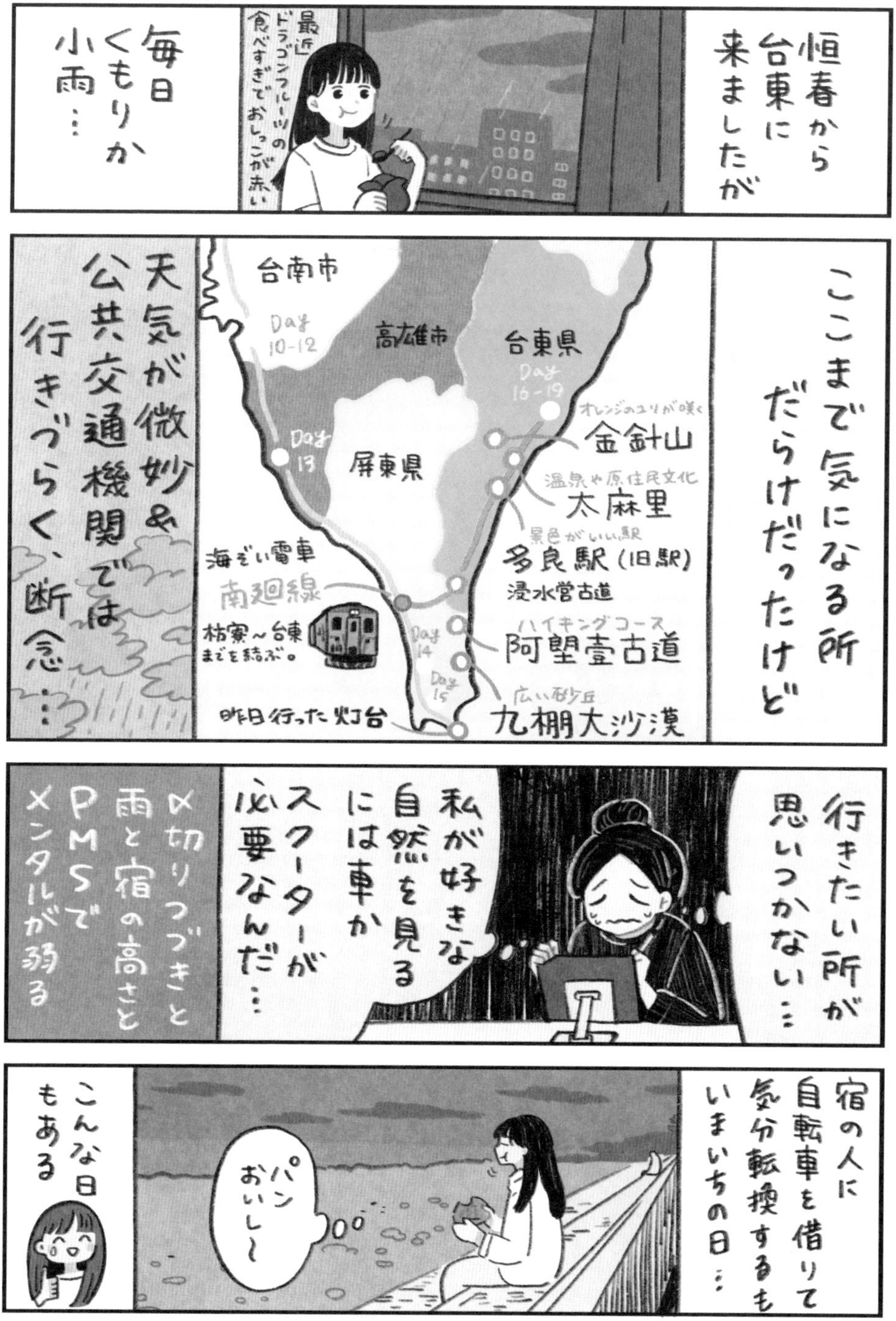
恒春から台東に来ましたが
最近ドラゴンフルーツの食べすぎでおしっこが赤い
毎日くもりか小雨…
ここまで気になる所だらけだったけど
台南市
高雄市
台東県
屏東県
Day 10-12
Day 13
Day 14
Day 15
Day 16-19
オレンジのユリが咲く
金針山
温泉や原住民文化
太麻里
景色がいい駅
多良駅（旧駅）
浸水営古道
ハイキングコース
阿塱壹古道
広い砂丘
九棚大沙漠
昨日行った灯台
海ぞい電車
南廻線
枋寮～台東までを結ぶ。
天気が微妙＆公共交通機関では行きづらく、断念…
行きたい所が思いつかない…
私が好きな自然を見るには車かスクーターが必要なんだ…
〆切りつづきと雨と宿の高さとPMSでメンタルが弱る
宿の人に自転車を借りて気分転換するもいまいちの日…
パンおいしー
こんな日もある

家や店の前で爆竹や花火を
売っている人たちが
ちらほら

Day18
台東
Taidong

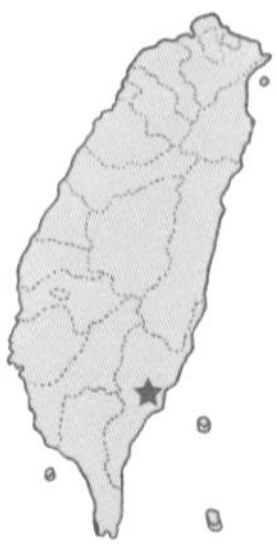

キラキラの建物

今日見た春節の飾り

パイナップル

「幸運が来る」という
意味の言葉「旺來」と
「鳳梨《パイナップル》」の発音がほぼ
同じ、金の果物である、
葉っぱが鳳凰のシッポ
みたい!! などの理由で
縁起物とされている。

春聯

縁起のいい言葉を
赤い紙に書いて
玄関にはる。

おめでたい
赤と金の色を使った
飾りでいっぱい

今日は旧暦の大晦日。朝から爆竹が鳴り止みません。特番とかやってるのかな~と思って、部屋にあったブラウン管のテレビをつけてみたが、つかなかった。これ、インテリアだったんだ。

今日はなにかひとつ頑張ろう、ということで、新しい言葉を覚えることにする。台湾華語は文字だけ見てもわからないので動画を見ながら発音を覚え、夜市に行っていざ実践！

覚えた言葉が通じた時のうれしさをひさしぶりに味わうことができた。

ちなみに、お店で「トイレはどこですか」という言葉チャレンジをしたら、話しかけた瞬間に英語を話せる人を連れてこられてしまったことがある。トイレの場所はわかってたけど話してみたかっただけなのに、お手間をとらせてしまったので今日は大成功なのだ。

こうして「我要這個《うぉーやおじゃが》」とお店の人に伝えて、刈包《ぐぅあばお》をゲット！

台湾にきてからというもの、知らないもの・ことだらけ。おかげで好奇心はいつも満たされているし、できないことばかりなのでちょっとなにかできただけですごくうれしい。さらになにを言われても分からないのと観光客だから精神のおかげで、失敗しても傷つきにくい……と、結構過ごしやすい。いつもより楽しく生活できている台湾です。

朝
バババ
爆竹の音で目覚める
バババ
春節だって気づいてなかったら怯えてたかも…
↑3泊した部屋。冷蔵庫なし、シャワーは夜〜朝のみ
とはいえ私の生活は変わらず
昼は仕事で夜は夜市
我要這個
これください!
?
是。
(はい)
…。
ろくろく〜??
是。謝々!
ぱか
パクチーの有無か〜っっ
何を言われても「是」(はい)って答えるイエスマン方式です
謝謝〜サンキュ〜
今日の夜ごはんはずーっと食べたかった
刈包
好吃

泊まった宿のロビー

Day 19

都蘭

Dulan

今日のローカルうま飯

臼部厨房古早味卤肉饭のご飯

爆漿滷肉飯
60元
爆漿という言葉に
惹かれて注文。
たまごのとろ～りを
指してるっぽい
魚丸湯 50元
めっちゃおいしくて
これ以後あちこちで
飲みまくる。おいし～
オススメのものがあったんだけど売ってなかった…
ポテト
ポテト
ポテト
と言って買ってきてくれた
肉の串

年越しのカウントダウンに合わせて外に出てみたけれど、人が集まる広場のようなものは見つけられなかった。花火の音がするのは、みんなが好き勝手に道路で花火をあげているからみたい。

0時を過ぎると花火があちこちでバンバンあがり、日本だったら怒られそうな光景が広がっていった。しかも騒ぐことなく淡々と打ち上げるから面白い。少し先の日本ではいつも通りの日が繰り広げられているというのに。

昨日まで700元で泊めてくれていた台東の宿も今日から一泊2000元を超えるとのことで、さらに奥にある都蘭《でゅらん》という海辺の小さな町に移動。

都蘭に着くと、サーフィンをしにきたの？　と声をかけられた。どうやらこの町にはサーフィン好きの旅人がよくくるようだ。いい感じのバッパーが幾つもあって、海がきれいで、ご飯屋さんも多く、居心地がとてもいい旅人の町だった。

バッパーのラウンジでギターを弾いていたら、台湾人の男の子に出会った。この辺のいいところを紹介してあげるよ～とのことなのでついていく。

日が暮れはじめた頃、浜辺には焚き火をしている人がいた。そこにすっと合流して（誰も知り合いではないらしい）一緒に火を見た。台湾にもこういう場所があったんだなあ。

台湾のおすすめスポットを聞いてみたけど、やはりスクーターがないとなあ……とのこと。そして、この町が一番いいよと言っていた。じゃあ、ここにたどり着けてよかった。

都蘭《でゅらん》
ひと口メモ
台東県にある先住民アミ族の集落。近年、東海岸随一のサーフスポットとして注目を集め、アミ族のアートを模したカフェやゲストハウスなどが急増中。

朝より夜の方が
にぎわっている印象が
ある台湾ですが
バババ
バンッ
パン
煙のにおいすごい
パン
バババ
バババババ
パンッ
パンッ
バンッ
大晦日は特にすごい
（新正月（1/1）はもっと
にぎやからしい）
0:00
新《シン》年《ネン》快《カイ》楽《ラ〜》~
日付が変わった
瞬間にみんなが
花火をあげだして
それはそれは
にぎやかな
年越しでした
パンッ
バババッ
パン
パン
パン
宝くじ屋だけ開いてて大にぎわいだった
それは
朝も
バババ
昼もつづく…
ばん
ばん
ばん
あんま見えない
けど音すごい
なんでみんなで
花火あげるの？
しかも道路で……
バッパーにいた子に
連れてきてもらった
浜辺
ん〜…
楽しいから
かな…
爆竹は
音で災いを
払う意味
がある
けど
しばらくは好きに
花火をあげていい
そうです
（ほんと？）

Day20
池上
Chishang

池上の人混みを通り抜けた先

今日のおいしい

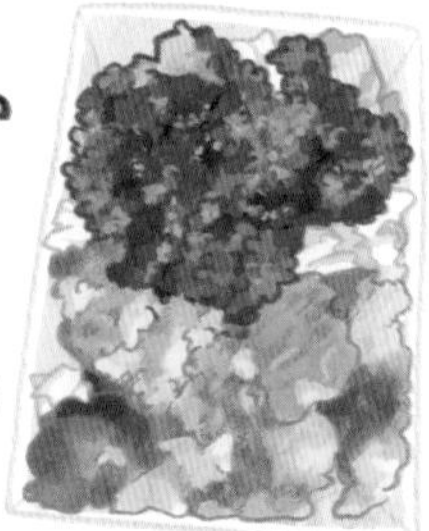

米え郷池上便當の
池上便當
招牌便當 $80
看板メニュー。

ずいぶん荷物も
増えてきて歩けば
歩くほどゴールに
近づいているんだな～と
いう気持ち

台東美濃氷品のジェラート

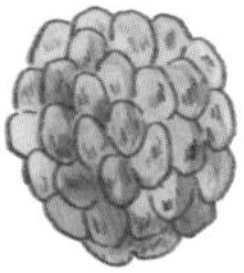

釋迦頭
（バンレイシ）
ねっとり甘くて白い
クリーム状の果物。

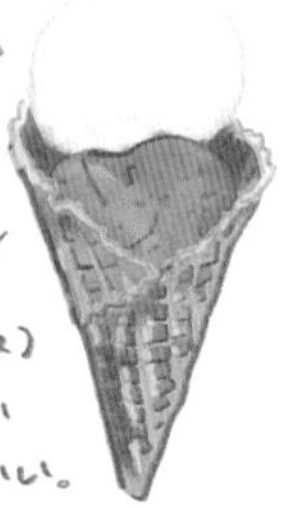

洛神花
（ローゼル／ハイビスカス）
台湾ではなじみ深い
ハーブの一種。身体にいい。

チェックアウトギリギリまで都蘭のバッパーのロビーで猫を愛で、最後にもう一度海に行って、さようなら。

友だちにおすすめされた池上《ちーしゃん》という駅で降りて、サイクリングをすることにした。電動自転車が楽ちん過ぎてびっくり。この自転車でどこまでも走っていきたい。

池上はお弁当が有名。駅前のお弁当屋さんよりも駅からちょっと離れたお店のお弁当の味の方が私は好きだった。広くてきれいな湖で寒さに震えながらお弁当を食べ、自転車を返却し、それから電車に乗って花蓮《ふぁーりえん》の宿に向かう。

少しでも安いところを……とがんばって探し出した宿だったけど、ここまで泊まってきた2つ星宿（古い、タバコくさい、接客態度が悪い、などの理由）とは一線を画す、本物の2つ星宿でした。

壁に少しでもぶつかると部屋全体が揺れるうえに、薄暗い部屋には窓がなく、廊下に鉄格子の小さな窓があるだけ。トイレ用のような強力な芳香剤が置いてあり、ベッドのマットは板のよう。トイレとシャワーはワンフロアにひとつで、シャワーだけがトイレの真横に付いているから便器が常にびしゃびしゃ。それでいて昨日の都欄の宿の2倍の値段だから……。

池上《ちーしゃん》 ひと口メモ　米の産地として有名な台東県北部に位置する農村地帯。俳優・金城武が出演するエバー航空のCMのロケとしても知られ、CMに登場した通称「金城武の木」を目指してやってくる観光客が後を絶たない。

居心地のいい都蘭を離れ、北上します
というのもあと4日で帰国だから！
急げ〜っっ
台湾の東側、いい所だらけなのに
日程（あと4日）
天気（くもり）
春節（人ごみ）
所持金（…。）
↑このままでは来月のクレカ払えない程度の貧乏
クアドラプルパンチで断念…
次来る時は東側からゆったり周ることにしよう
…
↑イメージ図（平日の朝）
↓今（三が日の昼間）
絶対リベンジしてやる…!!

Day21

花蓮

Hualien

旅のおわりに聴きたい曲

打倒三明治
在燈火消逝的前夕

Four Pens
夏季悲歌

今日のおじさん

トカゲ見せびらかし
おじさん
(ブタおじを見て思いだした
台南美術館)

誰もいない崇徳駅にて

ブタさん
見せびらかし
おじさん
(台北の夜市)

色んな人におすすめしてもらった花蓮。だけど春節期間は交通規制が敷かれるほど道が混んでいたので、周辺を周ることを断念。鈍行列車に乗ってゆっくり北上することに。

有名な太魯閣《たろこ》国立公園、清水断崖にも近い崇徳《ちょんどぅー》駅で降り、海に向かう。そしたら、そこがもう本当に最高の海。波も石もすごく美しい浜辺だった。海まで歩いていけそう、という理由だけで降りたなんでもない駅でこんなにいい出会いがあるなんて……。

水里といい都蘭といい、これといった目的もなく、なんとなく寄ってみた場所が好きな場所になったりする。これだから楽しいんだよな、旅ってやつは。

浜辺に腰を据え、しばらくいい石探しにいそしんだ。私は石が好き。手放したくなったらいつでも手放せるという意味での軽さが好きだし、色も素材も面白くって好き。難しいことはわからないけど。

その後、少し先の駅で降りて温泉街の足湯（紅葉シーズンの京都並に混んでいた）に入り、いくつものバスを乗り継いで、なんとか最後の都市・台北《たいぺい》にたどり着いた。

思い残すことばかりの東側。絶対またくるぞ！　という熱い思いでいっぱい。いつかまたくるね、台湾の東側！

花蓮《ふぁーりぇん》
ひと口メモ

台湾随一の景勝地、太魯閣《たろこ》国立公園、弧を描く美しいビーチの七星潭《ちーしんたん》を有する花蓮。大自然に囲まれ、ゆったりと流れていく時間が魅力的。近年、台湾国内でも東海岸側、特に花蓮の人気は凄まじく、台北から花蓮までを結ぶ特急列車、タロコ号とプユマ号のチケットが入手困難になっている状況が続いていた。今年４月３日朝に発生した台湾東部の沖合を震源とするＭ７．７の大地震では、花蓮は大きな被害に見舞われた。被害に遭われた方々のご冥福をお祈りするとともに、１日でも早い復旧･復興を願ってやみません。

なんとなく降りてみた海沿いの駅
崇德站
崇德車站
私以外だれも降りなかった。
駅員さんは奥の方で日本のアニメ見てた
屋台でちまきを
コンビニでアイスとお茶を買って
お茶
海へ!!
〜っっ
超いい石だ〜!!!
…
はっっ
一瞬で集まったいい石
なんか拾いたくなる
いい石がいっぱい
この色と
この線と
この境界が好き
波にぶつかった時に響く美しい音に心が踊る
とてもいい浜辺でした。

Day22
台北
Taipei

植物園の鳥

台湾のリス、
どこにでもいるしでかい

旅をつづけていくうちに増えていった
日用品たち

くし

台湾産のもの
探すの難しかった…

スプーン

工芸品屋さんに
あった木の匙

ドラゴンフルーツを
たべるために必要

コンディショナー

阿原 YUAN
月桃潤髪乳

宿、シャンプーはあるけど
コンディショナーはないので

台湾植物園に行った。行きたかった温室は春節休みで入れなかったのだけれど、自由に歩けるスペースが多くてすごくよかった。鳥もたくさんいて楽しかったなあ。台北は都会だけど植物がたくさんあっていい。

　ずっと頑張っていた仕事が終わったので、やっとお酒を解禁した！　うれし過ぎる。残り少ない台湾、ここからはお酒を飲むぞ〜。

　コンビニで好きなものを買い込んで、公園でひろげて、日本にいる友だちと電話しながらピクニック。日本でもできそうなことだけど、食べてるものとか景色がちょっと違うだけでわくわくするし楽しい。リスが通るだけで楽しい。見知らぬ遊具があるだけで、楽しい！

　教えてもらったご飯どころに行ったら、人がいっぱいではじめての相席。冷蔵庫からビールを取り出したけど、栓抜きとグラスの場所がわからず彷徨っていたら、相席相手のおじちゃんが親切に教えてくれた。そしておじちゃんのビールまでくれた！　うれしい。

　みんながわいわいしている空間、楽しい！　ビール、おいしい！

台《たい》北《ぺい》 ひと口メモ

人口約 265 万人の台湾の首都。台北市内を一望するには台北 101 もよいが、象山自然歩道にある展望台もおすすめ。ガイドブックに載る定番観光スポットに飽きたら、台北のベッドタウンである新北《しんぺい》市にも足を伸ばして、板橋《ばんちゃお》や三重《さんちょん》など日本と同じ漢字表記の街を散策するのも楽しかったりする。

ついにラストの台北
晴れてきた!!
お金がなくても元気!!
宿が安くて助かる!!
都会ですることといえば
植物園に行ったり
公園でビール飲んだり
散歩して建物みたり
星2宿の窓の外にある「無」を眺めたり…
外じゃない
ここは5階なのに…
大量のタバコ
→ただの黒いナゾ空間…

猫空での空中旅

Day23
台北
Taipei

夜市、色んなお店があって
たのし〜
毎日おまつり
みたい!!
その場で
焼いて食べる
エビつり
を
みつけた

臭豆腐
においにびっくりするけど
食べたら超おいし〜〜〜

今日の夜市

パコンッ
夜市で見かけた
ナゾゲーム。
積み重なったバケツに
人形をあてる。

ロープウェイに惹かれて猫空へ行くことにした。猫空は山の上にある観光地。ロープウェイに乗ったら台北の景色がまるっと見えた。ちょこっと登山をして、山のお茶畑を見て、夕焼けの美しい空を見て、猫空遊びはおしまい。

下界に戻って夜市を抜けた先にあるローカルご飯屋さんでご飯を食べ、今日も満腹。初めて食べた牡蠣のオムレツが、おままごとみたいな食感ですごく面白かった。片栗粉でできているのかな？　もちろんおいしかった。

お腹はいっぱいになったけどまだ帰りたくなくて、ビールを片手に散歩していたら、ふと、目の前に大きな川が現れた。

台北の夜。向こう岸に立っているビルたちがきらきら光っていて、それが川に反射していて、生ぬるい風が吹いていた。道端で花火をあげる人はずいぶん減ったけれど、春節の名残を惜しむかのように数カ所で花火があがっていてきれいだった。

そうしたら急に寂しくなってしまった。うわっ、帰りたくない〜、もう一度東側まわりたい〜、台北の灯台にも行きたい〜、という気持ちが溢れて止まらなくなってしまった。台北のきれいな夜景に酔っ払ったのかな

台北の夜市
混みすぎ〜〜
大にぎわい
なのでしばらく歩いていたら
見つけました、いい感じの場所！
我要拮個
(これください)
内要
(イートインで)
ん〜え..?
?
スッ…
最後まで言葉は分からなかったけど
喋れなくても親切 台湾の人たちに感謝
スッ…
つつ
謝謝
席とったって聞いてたのか〜
牡蠣のオムレツ
臭豆腐
マッシュルームスープ
魯肉飯
知らない食べもの生活ももうすぐ終わり…
金牌
台湾啤酒
胃袋に限界がなくなればいいのにな〜
もっと色々食べてみたい

台北 101 から見下ろす

Day24
台北
Taipei

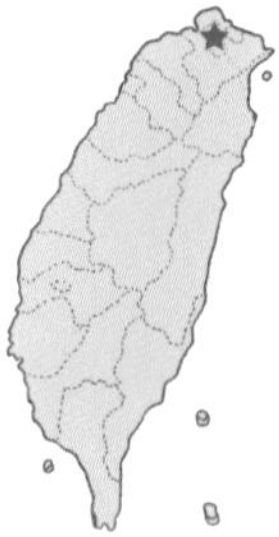

今日のおいしい

鶏肉飯《ジーローハン》

蒸し鶏と
甘辛いタレが
ご飯の上に
のってる

木瓜牛乳

飲み物は
パパイヤミルク！
甘すぎず
おいし〜

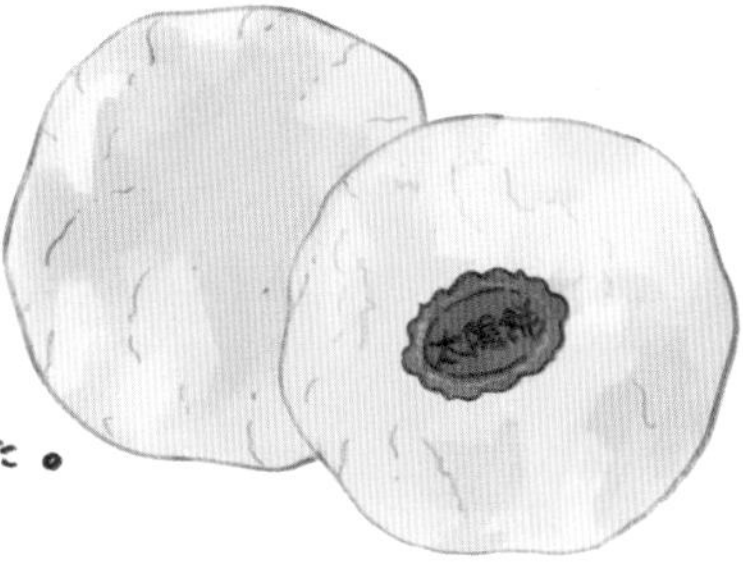

太陽餅

時々見かける
焼き菓子。
やっと食べてみた。
粉っぽいけど
パイみたいでおいしー

台湾に丸一日滞在できる、最後の日。台北で気になっていた場所、台北101という大きなビルへ行く。目的は高速エレベーターに乗ることと、ウィンドダンパーと台北の景色を見ること。

超高層ビルを見ると防災が気になってしまう日本人だからか、ウィンドダンパーという技術を知った時は感動した。台北101のウィンドダンパーは87階から92階の中央部分に吊り下げられた大きな球体。それが揺れることによって、強風を受けた際のビル全体の揺れを軽減してくれるのだ。ここは一般に開放されているのでぜひ見てみたかった。直径5・5メートル、重さ660トンの大迫力。かっこよかった！

中学の後輩がやっているネイルサロンでは、台湾の話を聞きながらネイルをしてもらった。数日前に突然連絡したのに、時間を作ってくれたやさしい友だちだ。高校も同じだったのだけれど、高校の頃はおは友（挨拶だけをする友だち）だったので、久しぶりのうれしいおしゃべり。

学生時代の友だちは、ずっと連絡を取っているわけではないけど、会えるとうれしい人たち。知らない場所で馴染みの顔に会った時のなんとも言えない安心感は、旅の醍醐味のひとつだ。

台湾最後の夜は女性専用ドミトリーに宿泊。昨日の男女混合ドミトリーは、イビキがうるさかった＆変な人がいたので。静かだ……。

スマホケーブルをなくし充電が終わった
死
まあいっか明日帰国だし…
家にはある
まずは台北101へ!!
世界一高かった502.9mのビル
世界一速かった時速60.6kmエレベーター
みみいたくなるばい
つばのみこむでください
世界最大規模のウィンドダンパー
(耐震・耐振技術
すごー
最後にネイル屋さんの友だちと会って
中学の後輩
Aya
緑木 mido rigi
松江南京駅
バスの時刻は専用アプリで見てるよ〜
地図アプリはまちがってる
やはり?
旅の疑問の答え合わせ
instagram@midorigi_nail
台湾の人もネイル好きが多いの
この辺ネイルサロンだらけ
かわい〜!
人生初のジェルネイル
ありがとう…
ふとした瞬間に目に入るかわいいにごきげんになれました
いつもしないことに挑戦したくなるんだよな〜旅!!

ニュー台湾ドル
(元)

お金まとめ

円安で1元 4.8円くらい

Last Day
帰国

ローカル店以外で
ご飯食べたり
星3以上の宿に
宿泊しまくると
もっと高くなります

食 平均 225元

（少食で水がすき）

ローカル店とコンビニと夜市
をメインに、八百屋で果物を
買ってたべていました

宿 平均 700元

（ドミなら300元くらい）

ゆっくりしたくてほぼ個室にしたため
2名分料金のこともしばしば
超春節期間（3日間）くらいは3倍…

他 平均 250元

ほぼ交通費。（安くてうれしい）
買いものだとカバンが一番高かった。
マッサージ屋さん行くの忘れた！

1日平均
1175元 ×24日＝ 28,200元 ＋おみやげなど
（5800円くらい）

台湾で使ったお金は160,458円でした。

＋✈… 往：16,810円
復：24,390円

台北から桃園空港に行き、無事飛行機に搭乗。

成田空港に着いた頃にはもうすっかり夜になっていた。お土産で荷物はぱんぱん、くたびれていてふらふら。あとちょっと頑張ろう、電車に2時間乗れば家だ……さあ帰ろう！　と最後の力を振り絞った。

だけど電車に乗れないことに気が付いた。スマホケーブルを買わないままだったので、スマホを起動できずＩＣカードが使えないのだ。さらに残してあった２０００円や免許証が入っていた袋がないことにも気が付いた。あれ？　このままでは帰れない。

結局コンビニに行き、クレジットカードで空港価格の充電ケーブルを買うことに。純正よりも高い値段ってどういうこと？　悔しいので一番長い2メートルのケーブルを購入。スマホを充電してＩＣカードを使い、終電に乗り込むことができた。

本当にずっとどたばたの旅。どうやって家にたどり着いたか覚えてないくらい疲れ果てながら帰宅し、台湾一周の旅がやっと終わったのでした。

ちなみに現金と免許証・保険証は約1カ月後に台北の宿で発見され、無事に解決。

見つけてくれてありがとう、免許証・保険証はハサミで粉々に切って捨てて欲しい、その現金でおいしいもの食べてね、って宿の人に返信したら喜んでくれました。

（地図アプリ）スマホがなくてお土産屋さんに辿りつけない事件
台湾最終日!!
Wi-Fiがあれば使えるiPad
でもここまできたら買いたくない…!!
結局ほとんどスーパーで買いました
ビーフン←
新竹炊粉
おかし
青豆
↑途中でゲットした珍品
お茶↓
あとはビールをいっぱい
ちょい悔だけど正直これでいいと思うおいしいし
最後に食したのは
ドラゴンフルーツ　刈包
うう
さみしい
毎日たべたい
果物は持ち帰れない…
この旅で最もお気入りだったベスト食いもん
A1 台北車站
ーってゆっくりしてられないっっ空港!!!
これに乗れなきゃまにあわないっ
これでさよなら
…

えっ?っていうくらい段差だらけの通路とも
下がって上がってまた下がる…
トイレの紙を流さない習慣ともさようなら
おしり用シャワー
ゴミ箱
結局使われなかったおしり用シャワーともさよなら
歩いてると ふと匂う臭豆腐
くさいけどめちゃうまい
スカッ
最後までとれなかったアヒルの人形
アァ…
見かける度にやってた
数々のおいしいものたち…
みんな今日で
さようなら!
臺灣桃園國際機場
充電切れのスマホともうすぐサヨナラ…
果物(肉野菜)は日本に持ちこめません!
食べちゃお
あとはのんびり帰るだけ

検査すれば持ちこめる場合も

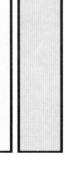

行けなかった所、
好きだった所、
絶対また来よう
またね、
台湾!
数時間後，日本
そこには
…
(PASMO)スマホが使えないため電車に乗れず
空港でケーブル買うと3千円するの…!?
さっさと台湾で買えばよかった…!
泣く泣くスマホケーブルを買う私がいたとか…

その他、台湾で目にしたお気に入りたち

麺屋さんの小鉢ーズ

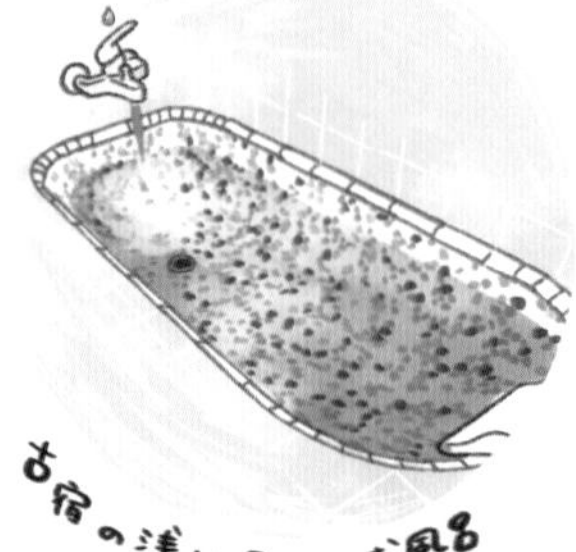

古宿の浅いタイルお風呂

台中の海辺、遊びつかれたおばけ

道路においてあったイスたち

どことなくペアルックカップル

道ばたでゴミを拾う妖精さん

ほぼ環島(?)旅の行程

Day1 桃園空港→桃園
Day2 桃園
Day3 桃園
Day4 桃園→新竹
Day5 新竹→大甲(台中市)→台中
Day6 台中→高美湿地(台中市)
Day7 台中→日月潭(南投県)
Day8 日月潭→水里(南投県)
Day9 水里
Day10 水里→阿里山(嘉義県)→台南
Day11 台南
Day12 台南

あとがき

ニュージーランドでの1年間の旅を終えて日本に戻ってきてからの3年間、いつも心のどこかで次の国に行きたいと思っていた。

でも日本は居心地がよくて、お仕事もあって、勇気が出なくって……ずっと、迷っていた。

そんな時に体調を崩して休憩することになり、自分に向き合う時間を持つことになった。


私は家が好きだけど、外の世界も好き。

意識的に動かない限り同じ景色が続く家と違って、外に出ればすべてが動いているからだ。

人も、木も、雲も、すべてが動いていて、歩いているだけでとっても面白い。

そしてそれが海外ともなれば、存在からして知らないものだらけ。楽しくてたまらないのだ。


すぐ近くの台湾だって、毎日知らない景色の連続だった。

台湾のいいところは、日本と違い過ぎないところ。

全然違うのだけれどどこかで見たことがある気がする……けどやっぱり知らない、そんな景色たちが本調子ではない私にはちょうどよかったのだと思う。


一周するということだけ決めて行った台湾への無計画旅は、アパートの中で過ごしていたら起きなかった出来事ばかり。楽しんで、焦って、困って、うれしくなって……久しぶりに色々な気持ちに触れて、私はようやくいつもの自分を取り戻した気がした。

またどこか、遠くに行きたいって思うくらいに。

だからこの台湾旅は、今の自分と次の旅の間を繋ぐ、小さなハシゴだったんだ。

家の扉を開けて飛び出して飛行機に乗るだけで、知らないものにたくさん出会えるってことを思い出させてくれた。


アパートの階段をのぼり、扉を開ける。

そこには久しぶりの、自分の部屋があった。


25日前、今と逆方向にドアを開いた時、世界は無限に広がっていた。無限の世界の中から、自分の道を選び取って、たくさん移動して、たくさんのものを見て、みんなに元気にしてもらって、またこの場所に帰ってきたんだ。

家を出る前、うつうつとして暗っぽく見えたこの部屋も、今ではちょっといい部屋に見える。

知らないものだらけの世界の反対は、慣れ親しんだアパートの一室。そしてそれもまたひとつの世界であるから面白いのだ。

Day13 台南→高雄
Day14 高雄→車城（屏東県）
Day15 車城→墾丁→恒春（屏東県）
Day16 恒春→台東
Day17 台東
Day18 台東
Day19 台東→都蘭（台東県）
Day20 都蘭→池上（台東県）→花蓮
Day21 花蓮→崇德（花蓮県）→台北
Day22 台北
Day23 台北
Day24 台北
Day25 台北→桃園空港

Chapter2

クルマのおうち暮らし

車中泊改造と四国一周クルマ旅

はじめてのクルマのおうちは、妹と共同で使っていたスズキのワゴンRだった。

家が好きだけど、知らない景色を見たり、新しいことを知るのが好き。

そんな私が、ついに車を手に入れた！　せっかくなら遠くまで行こう、どうせなら寝られるようにしよう、と後部座席を倒せるだけ倒し、座布団を詰めたり服を詰めたりして平らにしてなんとか布団を敷き、家を飛び出したのだった。

クルマ旅ならガソリン代が宿泊費になる。家から色々持っていけるし、色々買い足す必要もなく経済的だ。ヒッチハイク旅と違って日程がちゃんと決められる。


最初は「お金と時間」という理由ではじめた。

だけどすぐにそれ以外のよさに気が付いた。

クルマ旅の自由さと楽しさ、そして安心して旅ができることに。


それまでの旅は、夜行バスや青春18きっぷ、ヒッチハイクをさせてもらって進む旅。人と関わるのは好きだけど終わった時にはずっぷり疲れているタイプの私にとっては、楽しいと疲れが半々の旅だった。

それに比べてクルマ旅は、1日中人に気を遣うことも、重たいバックパックのせいで疲れ果てることなく、自分で自由に行きたい場所を決められ、好きな場所で寝られる。

私にぴったりの旅のスタイルだったのだ。


どんなに落ち込んでも、クルマのおうちの中に入って布団にくるまって眠れば元気が出てくる。どんなに知らない土地にひとりでいても、車がそばにいるだけでなんだか安心できる。

クルマ旅とは、インドア派にとってはこのうえなく幸せな、究極のインドア旅行なのである。

だからクルマは私の相棒。私の支えであり、迷っている私に選択肢を与えて自由にしてくれる、どこまでもいいヤツなのだ。

最初の相棒、ワゴンR！ソファベッド置いてた

現在の愛車はスズキの軽バン、エブリイ
ニュージーランドでの車中泊旅の後、しばらくしてから父に譲ってもらったクルマです
名前を白くまといいます
軽バンなので、普通車と比べてスピードとパワーが出にくい、衝突したときにダメージを受けやすい、などの悩みどころもありますが、いいところもたくさんあるかわいいヤツです！
後部座席を床下に収納することで荷室を広く使える、クルマ旅向きのこのクルマ
車内を少し整えることで、簡単に車中泊を楽しめます
クルマ旅したての頃は後部座席に布団を敷きつめて寝床を作っていましたが
今の私にはニュージーランドでの車中泊旅経験があります
この白くまにも、寝床だけでなくキッチンや机が付いている部屋を作ってあげたい
そして楽しく旅をしたい！
そんな気持ちで日々アップデートを繰り返しています

いざ、白くまハウス作り＝車中泊改造!!
だけど……私は

めんどくさがり屋だ

白くまを譲ってもらってから最初の1年間は車中泊仕様にすることはなく、ただ移動手段として使っていました。というのも、車中泊改造の基本である「床を平らにする」ことがあまりにも億劫《おっくう》だったから。白くまの床は意外と凸凹しているのです。

平らにする方法をネットで調べてみると「床を正確に測って、木材を測って切って、木で枠を組んで土台を作り、車体に固定して、上に床板を取りつけて……」という文言が出てくる出てくる。その工程の多さにしょっぱなから挫折、そのまま頓挫《とんざ》。

床板を置けば平らになるわけではなく、土台から作らなければいけないなんて！……と、めんどくさがり屋の私はそこで手を止めてしまったのでした。

白くまの床は意外と凸凹

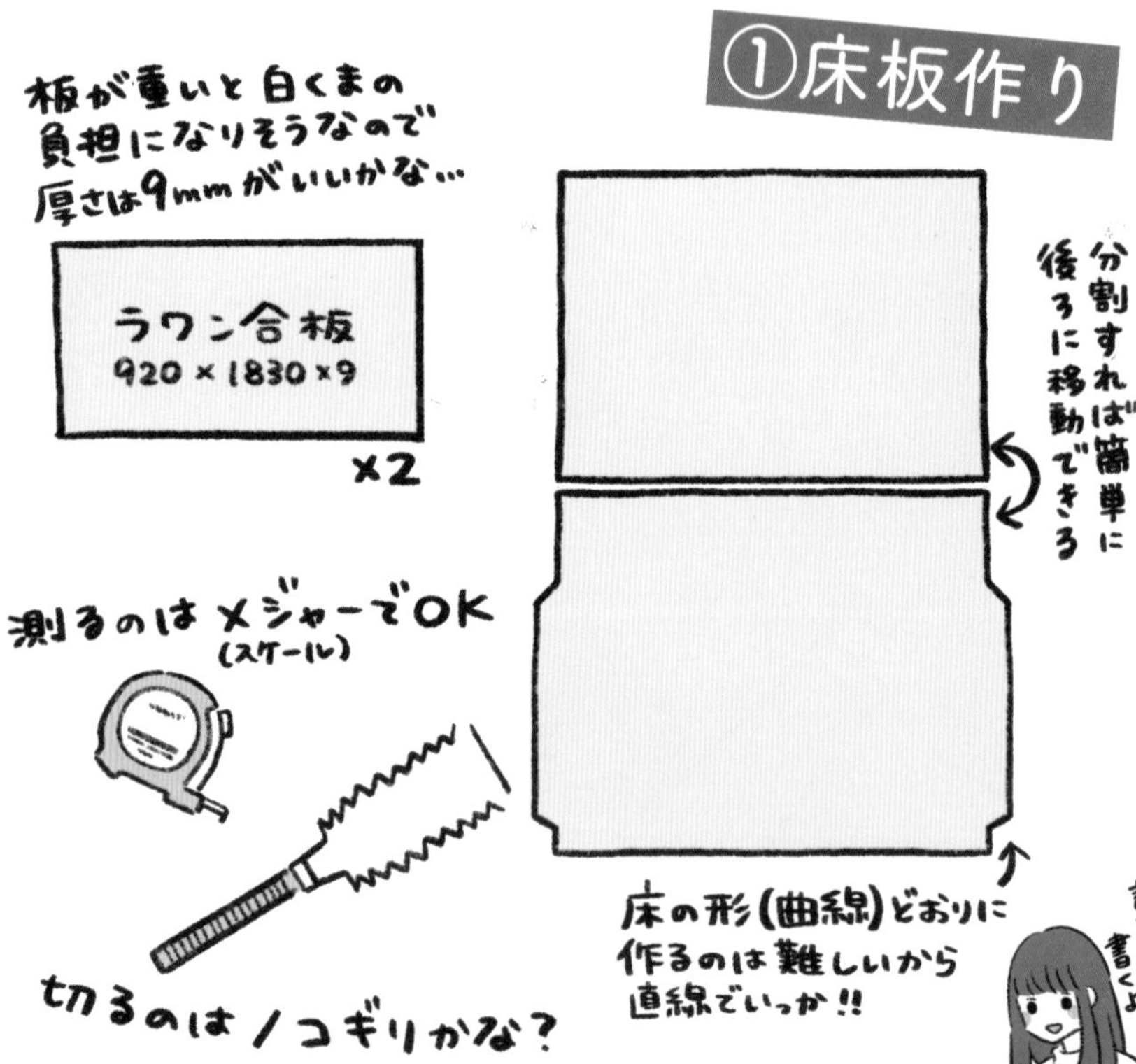
①床板作り
板が重いと白くまの
負担になりそうなので
厚さは9mmがいいかな…
ラワン合板
920×1830×9
×2
分割すれば簡単に
後ろに移動できる
測るのはメジャーでOK
(スケール)
床の形(曲線)どおりに
作るのは難しいから
直線でいっか!!
切るのはノコギリかな？

設計図
書くよ

土台を組まないで置くだけでOKの床板

それから1年が経ったころ、ふとした瞬間にようやく気が付きました。

白くまの床は他の軽バンよりも凸凹が少ないため、大きな凸凹を避けて床板を作れば、床に直接床板を置くだけで平らな床を作れるということに！

最初から土台作りの必要なんてなかったのです。俄然やる気が湧いてきて、さらに白くまのことが好きになりました。

床板の設計、材料を調達

とはいえ床板作りだって結構大変。

白くまの荷室は少し曲線になっているので、床をぴったり埋めるには板をカーブ状に切らないといけないのです。

そもそも曲線ってどうやって測ったらいいの？　どうやって切るの？

段ボールを使って型を取り、曲線を切れる機械で板を切る方法があるみたいですが、型を取るという工程があまりにもめんどくさい……。

少しくらい隙間があったって問題はないはずなので、今回は直線で作ることにしました。

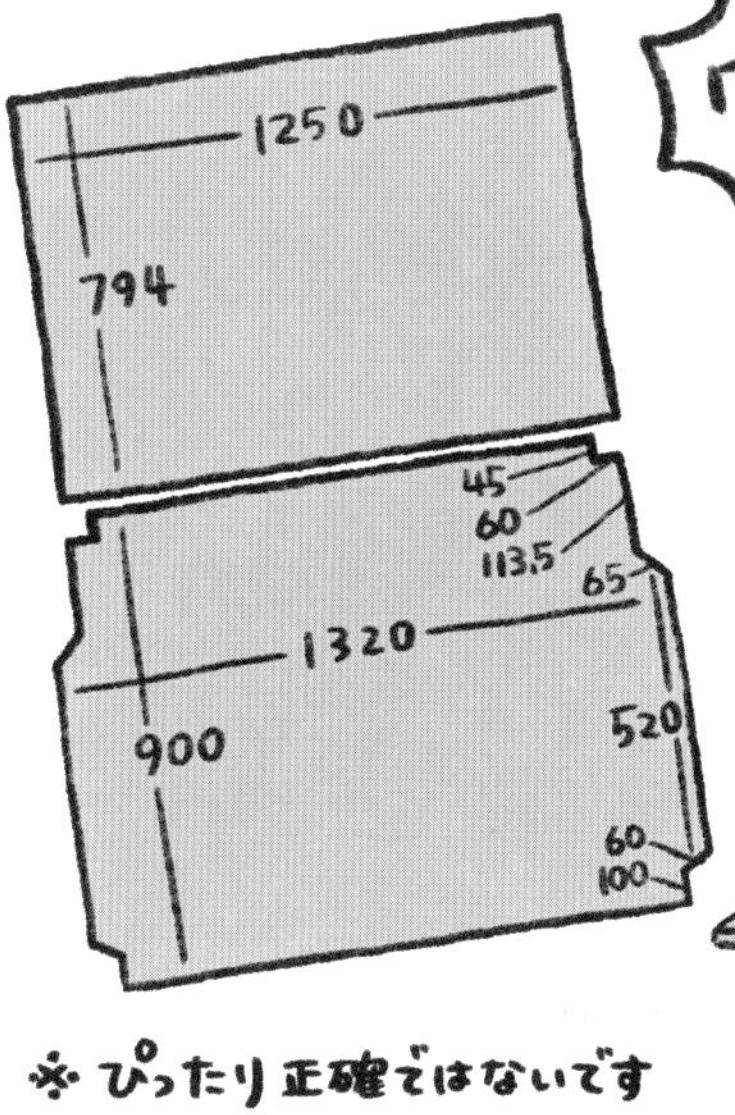

床板の作り方
①スケール（メジャー）とサシガネ（曲尺）でざっと床の長さを測り、板に鉛筆で跡を付ける
②ノコギリで切る
③お好みでヤスリがけ、柿渋とミツロウを塗り、ワックスがけ

まずは設計図を書きます。

後部座席を折り畳んで上に床板を置くことで車中泊仕様にする予定なのですが、後部座席を使いたい時もあるかもしれない。そういう時のために簡単に床板を動かせるようにしたい！　ということで、床板を半分に切って前後に分けることにしました。

「土台がなくても大丈夫」だから移動も楽ちんのはずです。

床板作りに必要な材料はラワン材のみ。ホームセンターで大きなカットをお願いして、ノコギリで細かい部分を切るだけです。だけど私は板を正確に切ることがとっても苦手。

念のため、リフォーム屋さん（父）に相談に行くことにしました。

床板の完成

父に相談したら、ささっと板を切ってくれました。しかも見落としていた金具部分を避けて床にぴったりはまる床板になっています。

こうしてあっという間に床板が完成。しょっぱなから人の手を借りてしまいました。

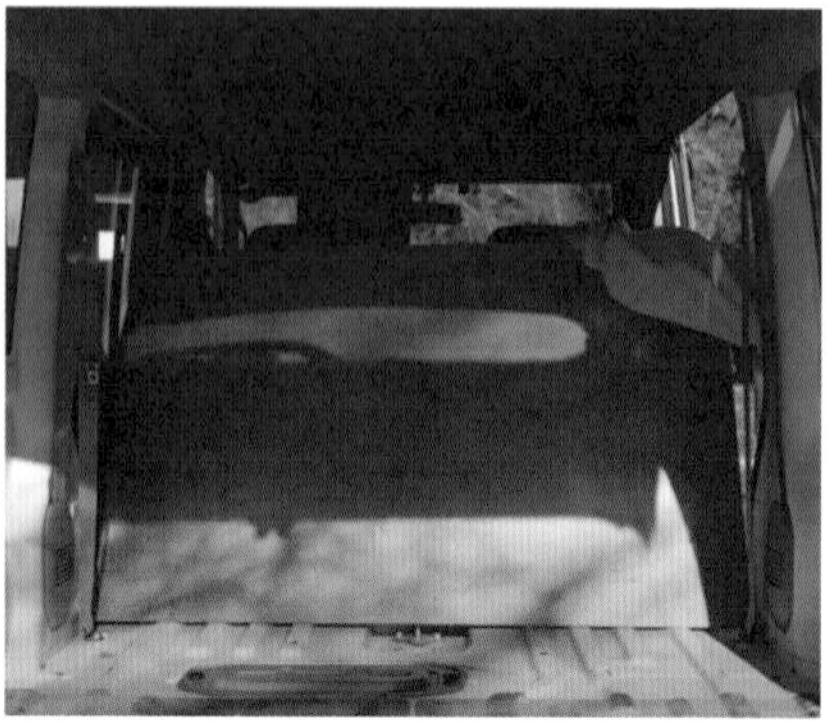

①床板を床に置く

②ヤスリをかけた後、数回、柿渋を重ね塗り

③ミツロウを薄く塗る。時間が経てば経つほど深くいい色に

【床板の材料と費用】

通販…………尾道柿園柿渋（2Ｌ 3,300円）・ミツロウ（約1,000円）
ホームセンター……………………………ラワン合板（1枚2,000円弱）
100円ショップ……………………………サンドペーパー（100円）

床板を床に置く⇩仕上げ

完成した床板に、仕上げの処理を行います。まずは全体にざっとヤスリがけ。１００円ショップで購入した紙ヤスリで木のケバケバを取っていきます。

次に防虫・防腐・防水効果がある柿渋を重ね塗りします。

柿渋とはまだ青いうちに収穫した渋柿を発酵熟成させて作る液体で、古くから日本で使われている自然の塗料です。

きれいな深い茶色がお気に入りで、色んなものに塗っています。匂いが強いので、車内で柿渋を塗る場合は無臭のものを選ぶとよさそうです。

数回重ね塗りをしたら、とてもいい色になりました。

さらに上からミツロウを薄く塗れば防水効果が高まり、ちょっとつやっとして見た目もよくなります。最後に乾拭きをして完成です。

塗れば塗るほどきれいな色になっていく床板に心が躍ります。

こういう正確さが求められない作業だけしていたいな……。

これにて床板作りはおしまい！

②ベッド作り

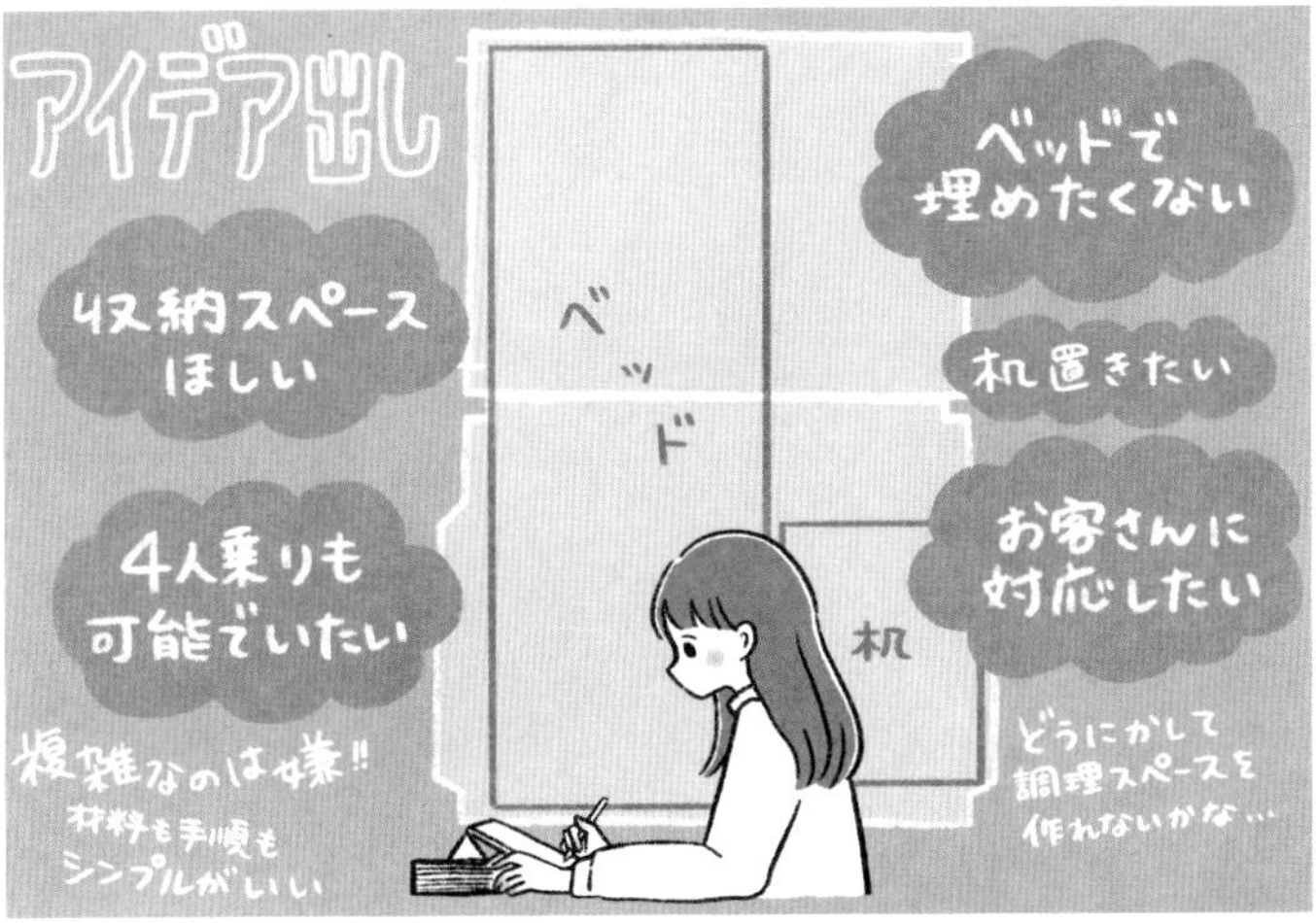
アイデア出し
ベッドで埋めたくない
収納スペースほしい
机置きたい
4人乗りも可能でいたい
お客さんに対応したい
ベッド
机
複雑なのは嫌!!
材料も手順もシンプルがいい
どうにかして調理スペースを作れないかな…

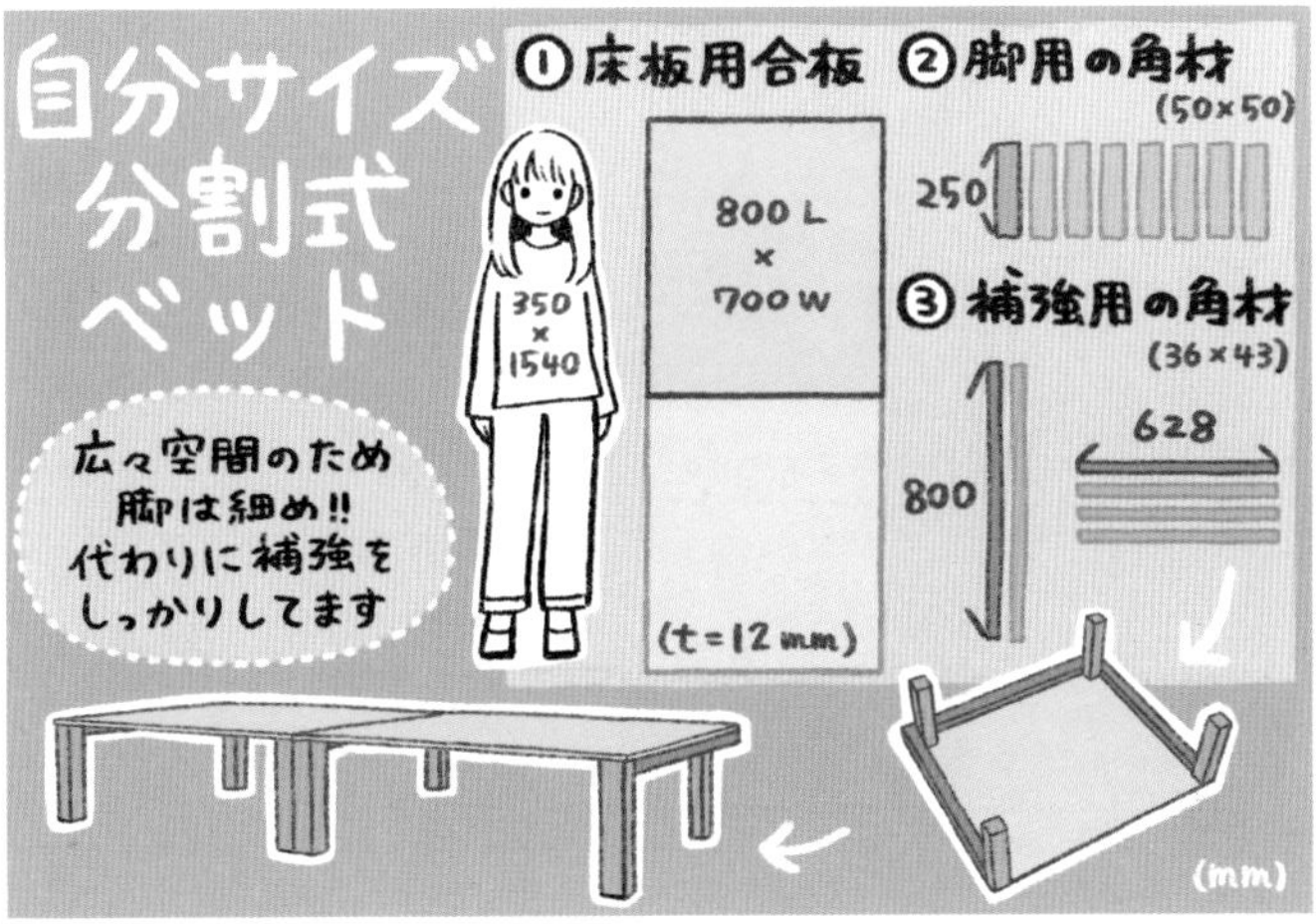
自分サイズ分割式ベッド
①床板用合板
800 L × 700 W
(t=12 mm)
②脚用の角材
(50×50)
250
③補強用の角材
(36×43)
628
800
350 × 1540
広々空間のため脚は細め!! 代わりに補強をしっかりしてます
(mm)

4つのこだわりを盛り込んだベッドを設計！

次は寝るスペースを確保

完成した床にそのまま布団を敷いて寝てもいいのですが、白くまにはベッドを置くことに決めました。

ベッドであればその下に収納スペースを作れるし、座る場所としても使えて便利だからです。

寝床は白くまの大部分を占めることになる大切な場所。車中泊中に最も長く過ごす場所になるはずです。

今回は4つのこだわりを盛り込んだベッドを作ることにしました。

①自分にぴったりのサイズで作り、残りの荷室に自由な空間をたくさん残す
②分割式にして、4人乗りしたいときは簡単に動かせるようにする
③簡単な方法で横幅を伸ばせるようにする
④収納ができるように下に引き出しを作る

必要な材料は床板作りでも使ったラワン合板と2種類の角材、それからビス。

床板作りと同じようにホームセンターで木材カットをお願いしたので、使った工具はインパクトだけです。

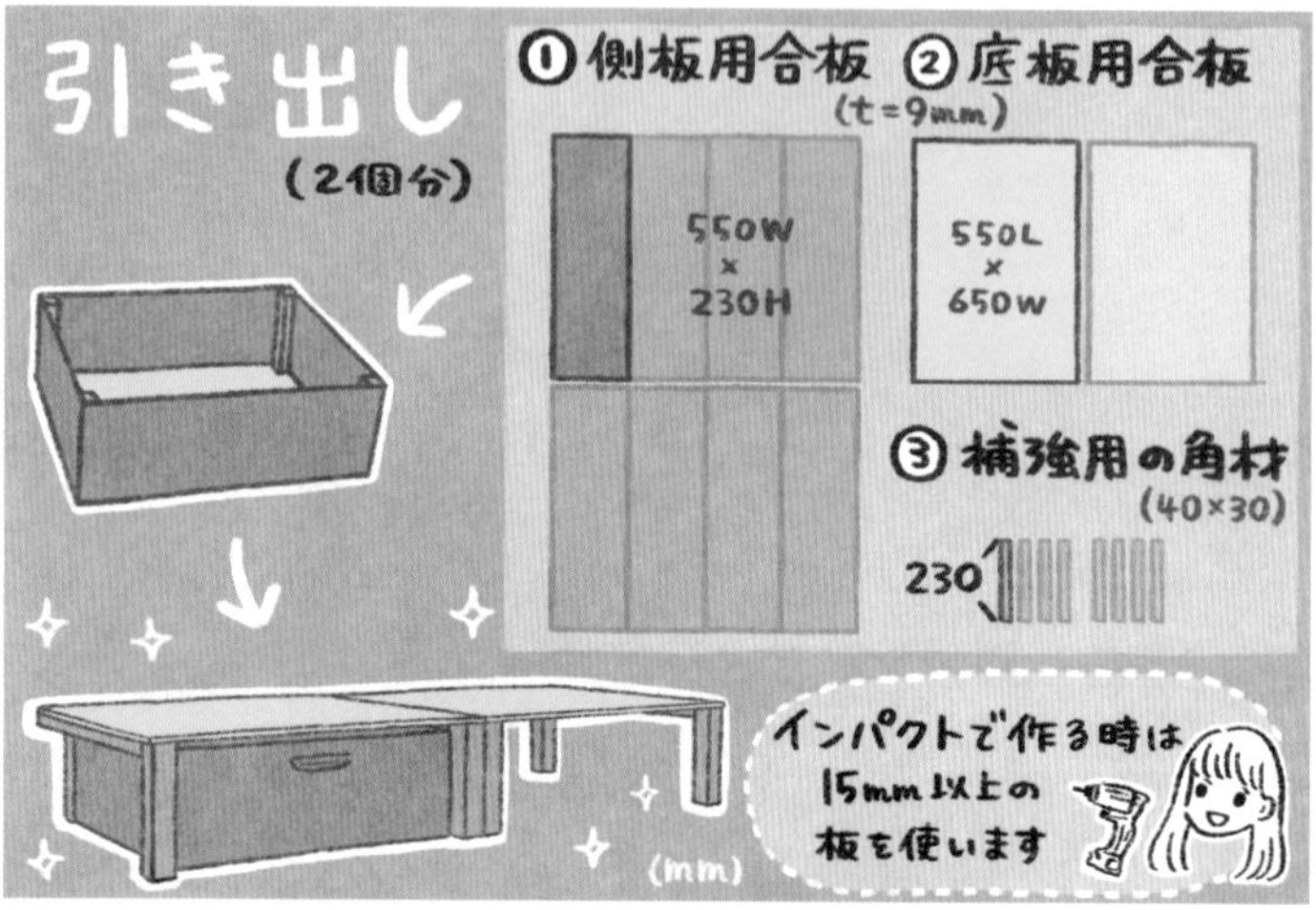

引き出し
（2個分）
① 側板用合板
② 底板用合板
（t=9mm）
550W
x
230H
550L
x
650W
③ 補強用の角材
（40×30）
230
（mm）
インパクトで作る時は
15mm以上の
板を使います

こだわりポイント①
自分サイズ
肩幅や身長に
合わせたサイズ
座るのにいい高さ

ベッド作りも設計図作成からはじめます。ベッドの高さは座るのにちょうどいい高さ（250ミリ）に設定。下の収納スペースを少しでも広くしたい。だから脚に使う木材を細くする代わりに脚を補強するための角材を加えることにしました。

ベッドを半分に分けて作ったのは床板と同じ理由で、使わない時は簡単に収納できるようにするためです。重ねて荷室の後ろに収納できる高さに設定したので、移動させればいつでも後部座席を使えるのです！

2つに分けるとちゃぶ台みたいに見えるので、「ちゃぶ台ベッド」と呼んでいます。

次に考えるのはベッドの下に収納する引き出

私は何をしましょう？
（手伝いたい）
あっちのセメント練っといて
（現場の雑用）
補強はイーニッサンでいいでしょ？
（ナゾの用語）
だべ
（うん）

こだわりポイント②
ダブルベッドになる!!
引きだしを出して
板をのせるだけ!!
セミダブルベッド
に変化します

ダブルベッドにもなるから
お客さまがきても大丈夫

こだわりポイント③
4人乗りにいつでも戻せる!!
床もベッドも
2分割して作ったので
移動させればすぐに
後部座席が復活!!

ベッドは半分に分割可能！
だからいつでも
4人乗りに戻せる!!

し。引き出しの四方の角には、補強のために角材を入れることにしました。

引き出しとして使うだけなら補強は不要。しかし、この引き出しにはちょっとした秘密があるのです。引き出しの底には、中身が重くなってもスルスル引き出せるように「カグスベール」というものを貼りました。

ベッドが完成！

こうして、収納付きの自分サイズベッドができあがりました。

椅子・ソファとしても使いやすい高さ、寝返りができる程度の横幅サイズにすることで、残りの空間を広く使えるはず。

居心地のいい部屋に一歩近づきました。

引き出しのおかげで荷物もたっぷり収納できます。

さらに引き出しを出して「板」か「すのこ」を乗せれば、あっという間にセミダブルベッドに変身！　お客さまが遊びにきたとしても快適に寝ることができそうです。引き出しの四隅に補強用の角材を入れたのはこのためでした。

いろいろ書いていますが、実は私は設計図を書いただけで作業をしていません。知り合いの大工さんにベッドと引き出しを作ってもらっています。

自分が得意なアイデア出しと設計を頑張り、苦手なことは誰かに手伝ってもらいながら、みんなの協力があってできた白くまベッドなのです。

③調理台作り

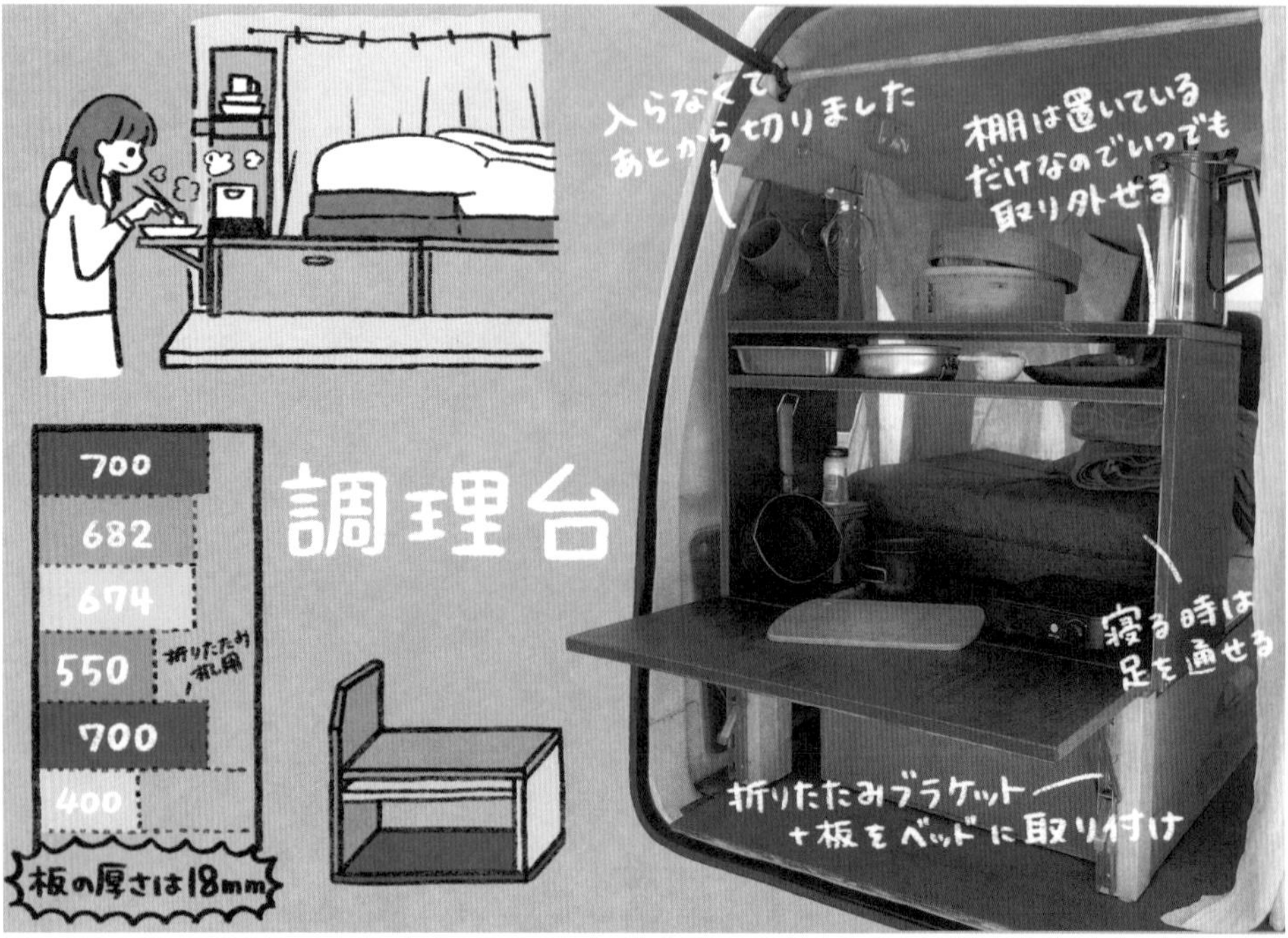
入らなくてあとから切りました
棚は置いているだけなのでいつでも取り外せる
調理台
700
682
674
550
折りたたみ机用
700
400
板の厚さは18mm
寝る時は足を通せる
折りたたみブラケット+板をベッドに取り付け

足と布団を通すことができ、邪魔な時はすぐに移動できる棚

調理台を設置して部屋をブラッシュアップ

ベッドが完成したら、次は調理スペースを作ります。

ニュージーランドで車中泊をしていた時に乗っていたクルマでは一番後ろの部分いっぱいに調理台を置いていました。だけど、白くまは後ろからも出入りができるようにしたいので、左半分だけ使うことにします。

背面のない本棚みたいな調理台を作れば、ベッドの上に置いたとしても足を通せるし、移動もしやすいし、うまくいくはずです。

頭の中では完璧な調理台ができあがりました!

まずはいつも通り必要な木材をホームセンターでカットしてもらい、ヤスリをかけてから、防菌・防虫効果のため柿渋を塗り重ねます。調理台はしっかり撥水《はっすい》してほしいから、いつも以上にたっぷりとミツロウも塗りました。

板の準備が完了したら、棚になるイメージを頭の中で膨らませながらインパクトでビスを打って完成です。

【ベッド、調理台の材料と費用】

ホームセンター
・ラワン合板（1 枚 2,000 円弱）
・角材（2,000 円）
100 円ショップ
・取手（100 円）

通販
・尾道柿園柿渋（2L 3,300 円）
・ミツロウ（約 1,000 円）
・カグスベール（800 円）
・折り畳みブラケット（約 2,000 円）

ものすごい時間がかかってしまいましたが、なんとか調理台が完成（やはりミスの多い人間はしっかり計算するべき＆模型や設計図を用意するべき……）。

調理台を置くとベッドが狭くなってしまいますが、背面がないので足と布団を通して眠れるから問題ありません。

ベッドに乗せているだけで固定していないから、邪魔な時にはすぐに移動できる便利仕様です。

さらに折り畳み式のブラケットをベッドの脚に取り付けて固定し、簡易机を作りました。

さあ、これで調理スペースが広くなり、快適に料理ができます！

今はただの棚のように見えますが、いつか立派なキッチンになるはずです。

こうしてひとまず完成したクルマのおうち、白くまハウス！

簡易的な改造しかしていませんが、大満足です。自分の住んでいる家の分身ができた気分になりました。

これでどこでも生活できちゃうね。

なんか食べたいけど
引きだし開けるの
面倒だな〜〜…
本も取りたい
のに……
ぷ〜ん
あ〜…
カーテンも
なおさなきゃ…
……って
蚊!!!
おやつ
本
potaden

spring
summer
autumn
winter

すっからかんだった頃に
比べればもう十分過ぎるくらいに
立派なクルマのおうちなのですが
何度か泊まっていると
いろいろな不具合が
生じてくることがわかりました

長い旅にはカスタマイズの
必要性を実感
「どこまでも白くまと一緒に
もっと快適な旅ができるように!!」
ということで、プチ改装を敢行

クルマのおうち「白くま」が完成してから、いろいろなところに行きました。

ほとんどが楽しい旅でしたが、ストレスを感じることもしばしば……。

白くまハウス完成から半年後、いくつかリニューアルを施したのでご紹介します。

白くまとのクルマ旅で一番しんどかったのは夏の猛暑でした。

熱を溜め込みやすいクルマは、暑くてしょうがないのです。

日陰で窓を全開にしても、今度は蚊や虫が入ってくるし、もうどうしようもない。

クルマで過ごすことは諦めて川にでも行こう。アイスコーヒー買おう。アイスも買おう……と

④網戸作り

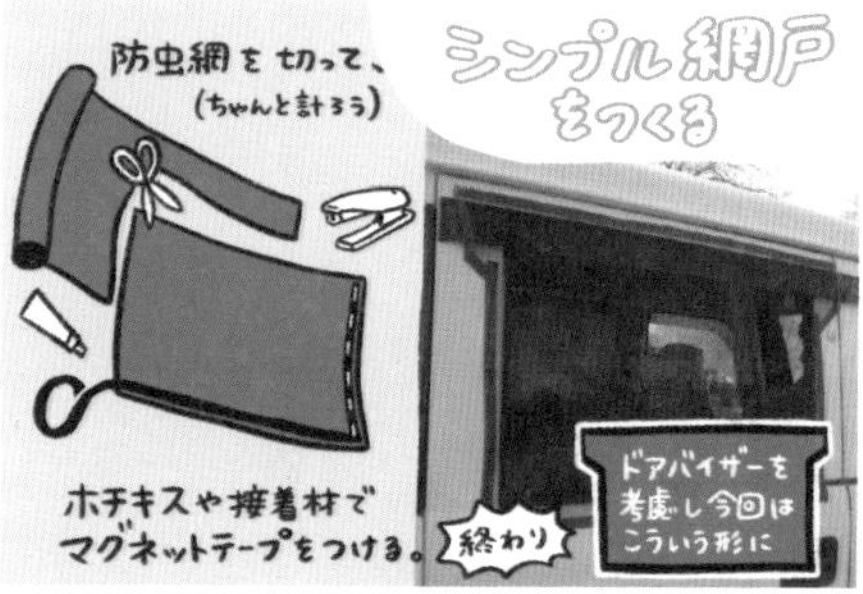

網戸の作り方

①切る

窓枠より少し大きめに防虫網を切ります。窓枠に合わせて貼った時に、ちょうどボディの部分にマグネットシートがくるようにしっかり測ることが大切。

②マグネットテープを付ける

ホチキスや接着剤を使って、防虫網の端にぐるっとマグネットテープを付けていきます。糊付きのマグネットテープだとしても、しっかり固定することが大切です。何度も付け外しをするので、使っているうちに必ず取れてしまいます。

手順は以上、接着剤が乾いたら完成！

【必要なもの】

・防虫網
・マグネットテープ
・ハサミ
・ホチキス
・接着剤
（全て100円ショップ）

ニュージーランドで車中泊をしていた時に作った網戸は真四角で簡単だったのですが、ドアバイザー（左右の窓ガラスの上に付いている樹脂でできたカバー）が付いている「白くま」の場合は真四角の形だと大きな隙間ができてしまうため、防虫網をT字に切り取ることにしました。（マグネットテープをもう少し長めにすればさらに隙間が減った気がします）

付けっぱなしで走ると取れてしまうので、運転するときは外します。ちなみに炎天下で長期間放置するとマグネットがボディにくっ付いて離れなくなる可能性があるので注意。

中からはこんな感じです。目隠し力はあんまりありませんが、両窓に付ければ風通し抜群です。これで夏も大丈夫！

なってしまうのでした。

だけど私は根っからのインドア派。できれば家から出たくない。夏でも可能な限り車内で過ごしたい!!

ということで、網戸を作りました。

100円ショップで買った防虫網にマグネットを付けるだけの、ペタッと貼ってペリッと剥がすだけのシンプル網戸です。

マグネットテープも網もぐにゃぐにゃなので、使わない時には折り畳むことができます！

安くて作るのが比較的簡単、収納もお手のもの。市販のものもありますが、そこまで見た目にこだわらないのならこれで十分だと思います。

もう一つの小さなストレスは「カーテン」でした。針金とヘアピンと布で作った自作カーテンは、開け閉めしにくい＆引っぱるとすぐに取れるという問題を抱えていたのです。長期旅をするなら改善したいところ。

　これまでは車体に穴を開けたくなくて、針金を部屋中に張り巡らせていました。しかし、過ごしやすくなるなら、と車体に穴を開けて市販のカーテンレールを取り付けることにしました。

⑤カーテン作り

長いこと車体に穴を開けることをためらっていたのですが、結局開けちゃった。
私の耳にも穴が開いているし、お揃いです。

⑥収納スペースを増やす

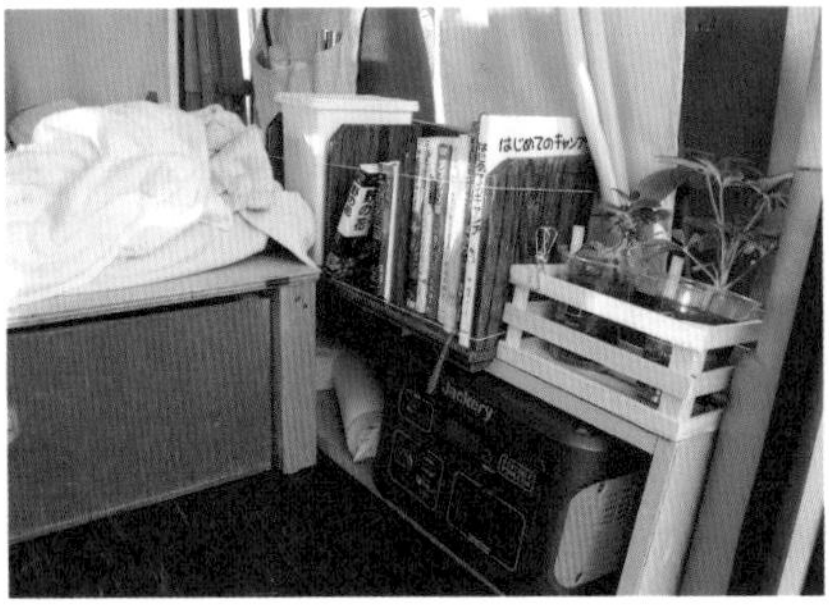

20cm弱の隙間
（運転席を前の方にするなら）

ギリギリ入った小さい棚。サイズに合わせて自作するしかないのか……と面倒くさがっていたので最高にうれしい瞬間。ポータブル電源もピッタリ。プレゼントでもらった水生植物も置いてみたら、おしゃれ感がすごく出ました。植物の力。恐るべし。


他にもちょっとした箇所をアップデートしています。例えば収納スペースの増加。

　これまでの白くまハウスでは、ベッドの下の大きな収納スペースに荷物をすべて詰めていました。

　余計なものがなく部屋はスッキリする反面、ちょっとした小物ですら下にしまっているため、とにかく物の出し入れが面倒くさい。特に後ろ側の収納スペースは机が出ていると開けにくいという問題も抱えていました。

　そこで、ベッド周りの手に取りやすい場所にも収納スペースを増やすことにしました。

　家で一番小さい棚を試しに入れてみたり、本棚を置いてみたり……と試行錯誤しながら隙間に当てはめていきます。

　また、助手席のシートバックにはポケットがいっぱい付いたシートバックポケットを作りました。

　ちょっとした小物をぽんぽん放り込むことができる多機能ポケットです。

　市販のものもありますが、白くまのシートに合うタイプがあまり見つからなかったので、今回は自分で作ってみました。

　ベッドにいる時間が多くなる白くま暮らし。手を伸ばせばすぐに欲しいものがあるのが理想です。

シートバックポケット

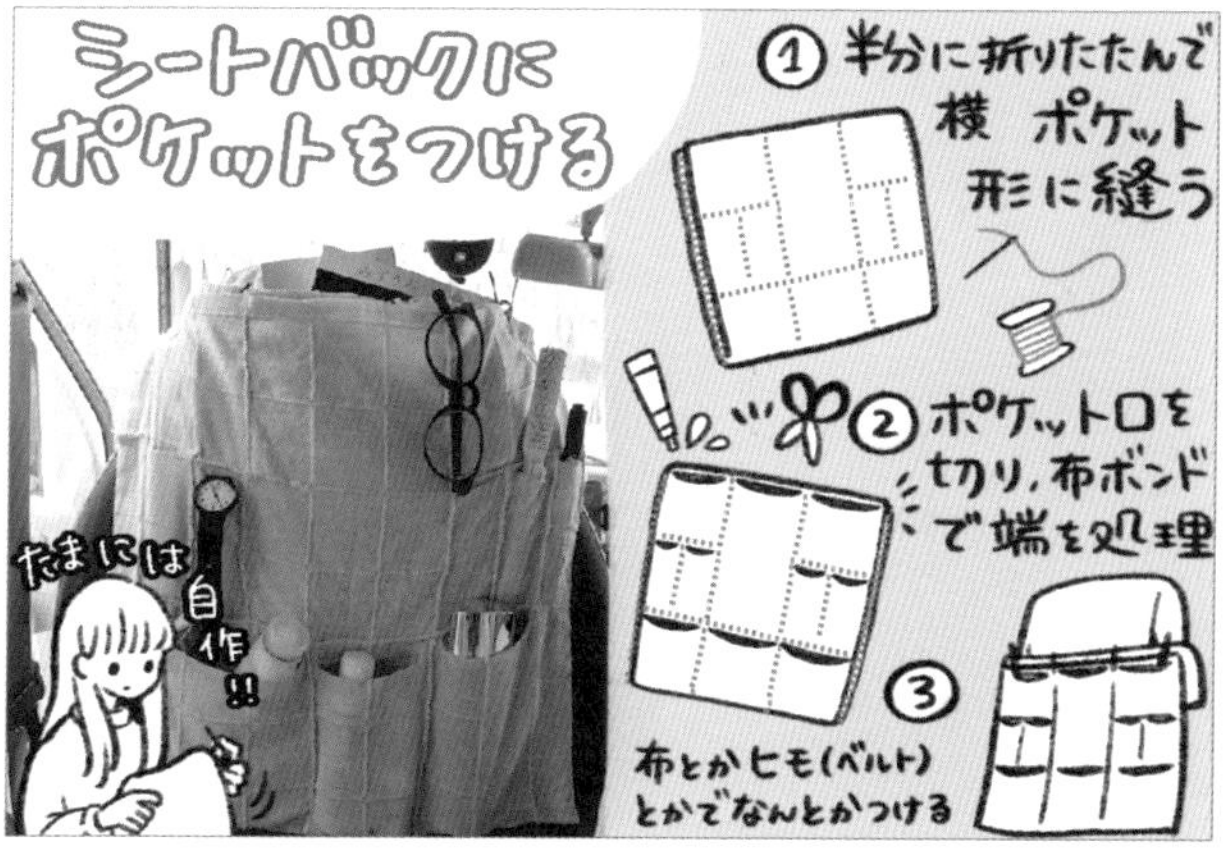
シートバックにポケットをつける
① 半分に折りたたんで横ポケット形に縫う
② ポケット口を切り,布ボンドで端を処理
③ 布とかヒモ(ベルト)とかでなんとかつける
たまには自作!!

見た目は不恰好だけど、時間をかけた甲斐もあってお気に入り。かかったお金も３００円くらいです。ポケットを作るということがどういうことなのか分からず、試行錯誤の結果です。いろいろ詰めるとごちゃごちゃして見えますが、自分がベッドの上にいるときにはカーテンで見えなくなっているため気にならないはずです。（ＤＩＹが好きな人の気持ちがほんの少しわかったような気がします）

キッチン周り

小さかったり弱いマグネットだとすぐに落ちてしまうので、強力マグネットをくっ付けるのがおすすめです。

① 引きだし
② 吊りさげバスケット
棚下フック ③
④ 鉄板 + 瓶のフタにマグネット
⑤ 小物入れ

食材や食器、IH コンロを置いた完全版はこんな感じです。

次はキッチン周り。長い間ただの棚だったこの調理スペースも、旅を重ねるうちに少しずつキッチンっぽくなってきました。

特にうまくいったのが調味料収納スペース。棚に貼り付けた鉄板に瓶や容器をマグネットでくっ付ける方式です。

鉄板は接着剤と両面テープで棚に貼り付け、マグネットは調味料の蓋の面や裏に両面テープで貼り付けています。ぱっと使えてぱっと戻せるので使いやすく、普通の道なら落ちることもないのでお気に入りです。

ずれないように万能ベルト
棒をとりつけて使える場所を増やしたよ
ずれないように両面テープ
クリップでひとまとめ！
解決策考えるの楽しい

⑦その他の改善点

他にもいくつかちょっとした改善を施しました

・運転中によくズレてしまう分割式ベッドの足に万能ベルト

・天井に棒を取り付けて（前のカーテンと同じ方法）ものを引っ掛けられるように

・バックカーテンのしょっちゅう落ちてしまう突っ張り棒に両面テープ、広がるカーテンにクリップ

運転していると、色々なものが転がり落ちます。それを解決してくれるのが、「ゴム紐」と「繰り返し使える透明両面テープ」。ゴム紐は本棚の本が落ちないように使用し、両面テープはあらゆるものの裏側に取り付けています。キッチン周りでもこの２つが大活躍。

①IHや電気毛布を使うなら必需品
「Jackery Solar Generator 708」
（ソーラーパネルとポータブルバッテリー）
ガジェットまみれの私にとって深刻な電力問題。そのすべてを解決してくれるのがこのコンビ！ 晴れた日はいそいそとエネルギー集めにいそしみます。IHだって使えます。

②便利でかわいい
「たねほおずき」（LEDライト）
マグネット付きのループでどこにでもくっ付けられる＆引っ掛けられる超優秀ライト。机の上にも置ける、ちょうどいい光量でシンプルかわいい。

③ウェットティッシュ
水道が近くにない車中泊なので、ちょっとなにかで手が汚れちゃった時はウェットティッシュで済ませることが多くなります。汚れも落とせるし、汗も拭けるし便利！

⑧車中泊七つ道具

いつの間にか色んなものが増えた白くまですが、その中でも特に大切な「車中泊七つ道具」を選んでみました！

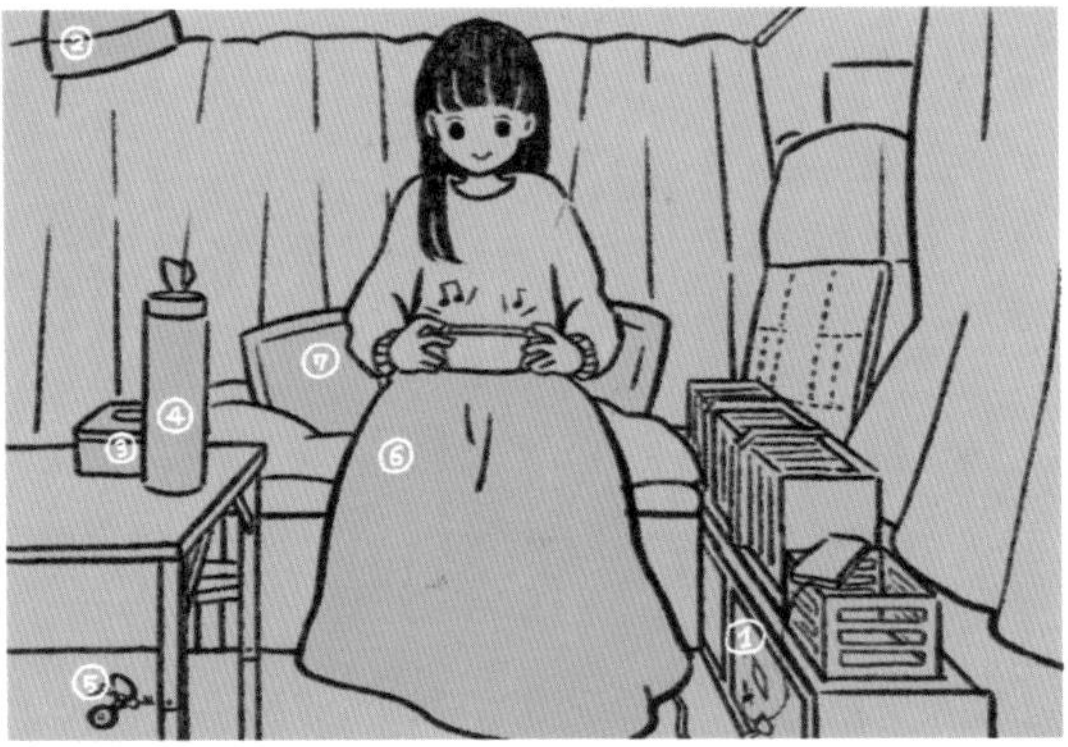

④部屋はもちろん運転中でもそばに置いておける
「RINボトル型ティッシュケース」
（コンパクトティッシュケース）
ドリンクホルダーに収まるサイズなので、いつでもそばに。もう運転中にティッシュを探して焦ることもありません。見た目もシンプルでかわいいので、部屋にも馴染みます。

⑤鍵を失くしたことをきっかけに購入
「AirTag」（スマートタグ）
ポケットに入っていた鍵が消えた！ 出発したいのに鍵が行方不明！ ということが日常茶飯事の私にとって、なくてはならないもの。どうしてもっと早く買わなかったんだろう。

⑥冬の車中泊の心強い味方
「洗える電気ブランケット」

（電気毛布）

暖房を使わない限り、クルマの中を温めるのって難しい。だけど電気毛布は少ない電力でしっかり身体を温めてくれます！ 一度使ってしまうともう戻れない。冬の車内には必須です。

⑦お気に入りのカバーを見つけてね「クッション」
クッションがあるかないかで、ベッド上での快適さが段違いです。抱えたり、背もたれにしたり、肘をついたり……お気に入りのかわいいカバーがあればなおよし。

プチ改装を終え、
「ニュー白くま」へとバージョンアップ！

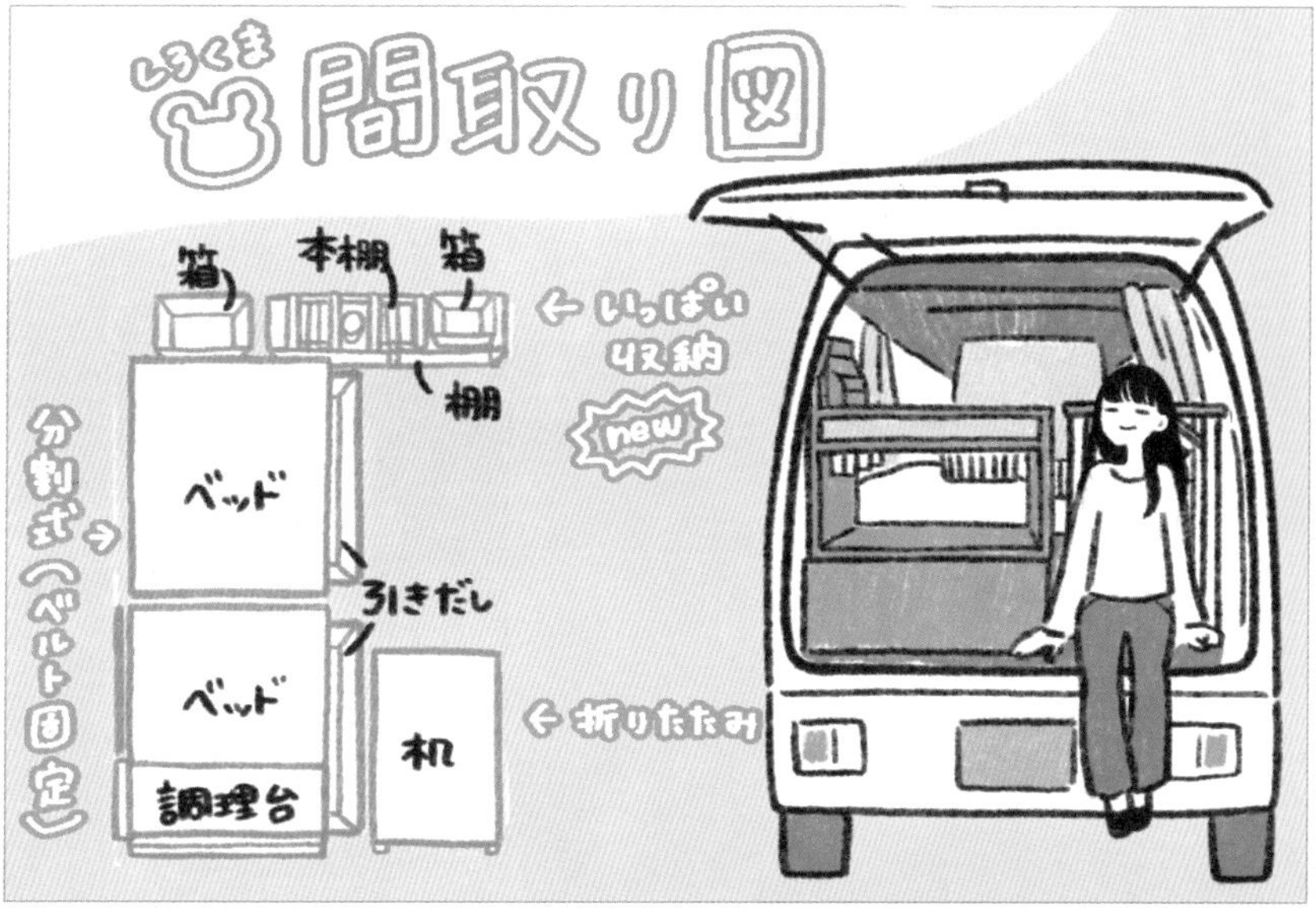
しろくま
間取り図
箱
本棚
箱
← いっぱい収納
棚
new
分割式（ベルト固定）
ベッド
引きだし
ベッド
← 折りたたみ
机
調理台

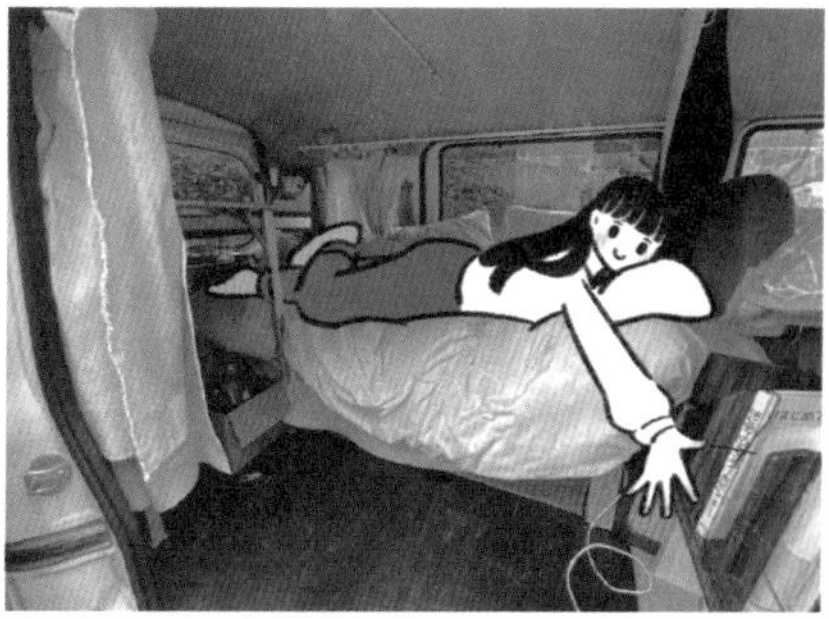

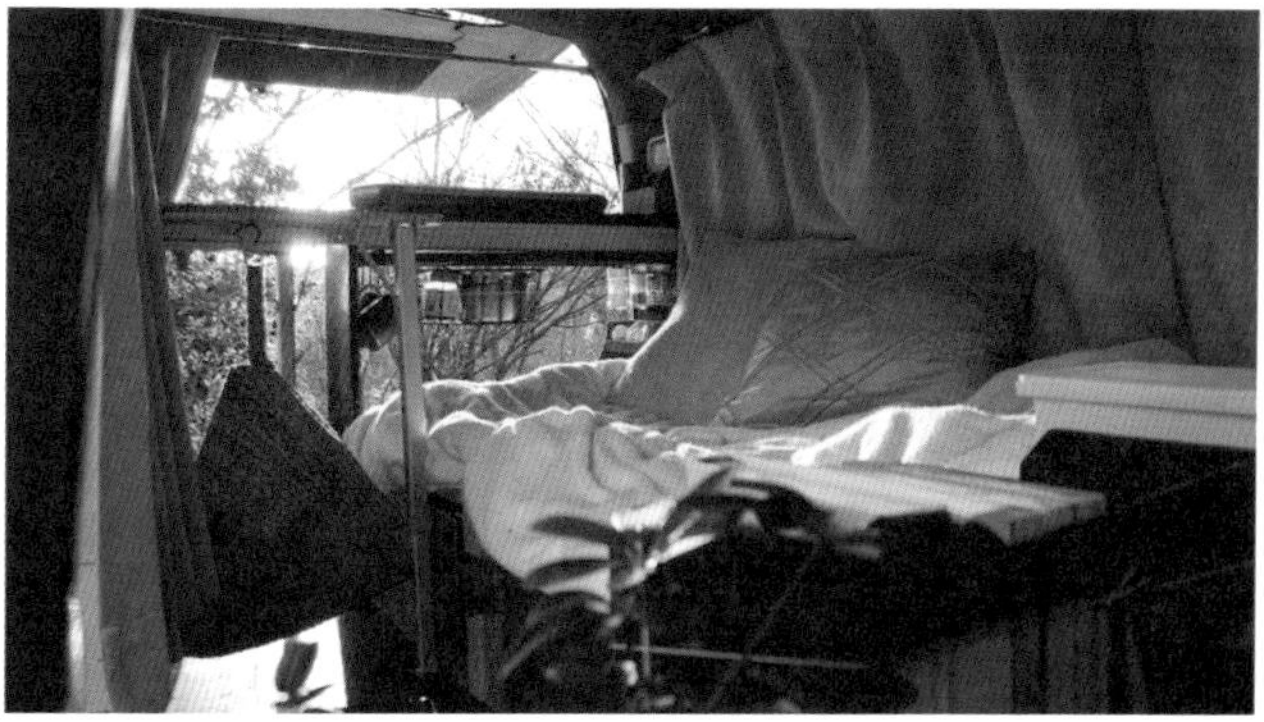

こうして、過ごしやすい「ニュー白くま」ができあがりました。
無駄なスペースがない＆自分の好きなものも増えたことでさらに居心地がよくなり、ベッドに腰掛けるだけでほっとする環境に。
これならどこまでも旅ができそうだ！

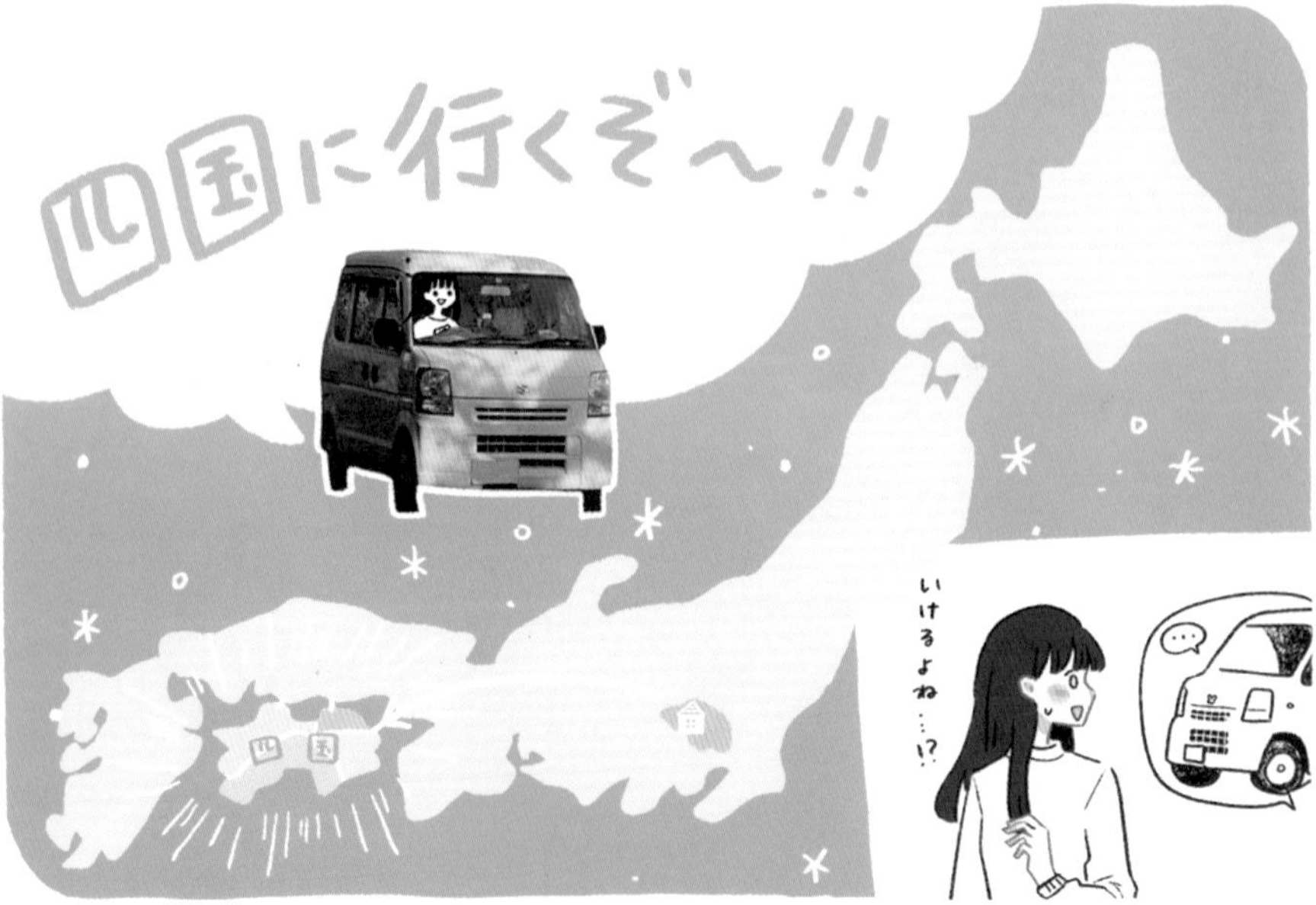
四国に行くぞ〜!!
四国
いけるよね…!?

車中泊仕様になった白クマと四国に向かいます！
四国地方をぐるっと一周する、四国クルマのおうち旅です
はじめての四国、とっても楽しみ
今回は広島県尾道市と愛媛県今治市を結ぶ
全長およそ 60km の「しまなみ海道」を渡って行くことに
四国一周の旅がスタートです

愛媛県
e hime Pref
❶ 快適サービスエリア
❷ おいしい湧水
❸ あちこちドライブ
❹ 灯台のある半島
❺ キャンプ場

記念すべき白くまとの初遠出は四国一周の旅。勇大な「しまなみ海道」を白くまと一緒に渡っていきます！

↑おいし～！宇和島風鯛めし

↑島と橋を眺められる展望テラス

↑運転づかれにマッサージチェア!?

↑橋モチーフの棚にステキお土産!!!

しまなみ海道を渡って愛媛県に向かいます

しまなみ海道は広島県と愛媛県を結ぶ自動車専用道路で、いくつもの島と橋を渡っていく絶景の海上ドライブルートです。外を見れば青空と真っ青な瀬戸内海、それから浮かぶ島々！　普段は海沿いを走ることがない私と白くまにとって、海に囲まれている離島を通り抜けるドライブというのはとてもワクワクするもの。四国本土に入るまでも、楽しくってしょうがない道のりです。

橋を渡り終わったらそこは四国本土。連なる大きな橋が歓迎のアーチのようで、はじめての四国にワクワクがとまりませんでした。

四国上陸記念に立ち寄った最初のサービスエリア「来島《くるしま》海峡サービスエリア」では、憧れていた蛇口みかんジュースを発見しました。フレッシュでおいしいみかんジュースを飲んで、愛媛にやってきたことを実感。愛媛といえばやっぱりみかん。遠いところまできたんだなあ。

サービスエリアの食堂では「みちメシ王座決定戦」でグランプリを受賞した郷土料理「宇和島風鯛めし」を早速オーダーします。道や高速道路好きとしては「みちメシ」という単語が気になってしょうがないのです。新鮮な鯛のお刺身と卵黄を加えた特製だれがマッチした、すごくおいしい鯛めしでした。しかも食堂はオーシャンビューで、目の前に広がるのは絶景。ここまで頑張って運転してきたこともあり、とてもいいひと休憩になりました。

蛇口からみかんジュースが流れ出す様子にうっとり。

日本の名水100選「観音水」で水補給

車中泊生活で重要なことのひとつが飲み水の確保。ただ確保するだけなら買えばいいのですが、おいしい水を求めて湧水を飲み巡るのもいいものです。

今回のお目当ては日本の名水100選にも選ばれた「観音水」。町の中心から少し離れた山深い場所に観音水は湧いていました。湧水の量は1日8000トンにもなるそうです。湧水を汲める場所は駐車場から歩いて数分の場所に。遊歩道があったため奥まで歩いてみることにしました。

森に入った瞬間にす～っと広がる、土と木、水の匂い。そして水の流れる音と葉っぱの揺れる音……。散歩道の奥には観音様も立っていました。そしてそこにも洞穴から湧き出る豊富な湧水！　豊かな自然が満ちていて癒されます。

この先佐田岬メロディー道路
時速50kmで走行すると
みかんの花咲く丘
が流れます

初体験のメロディー道路。

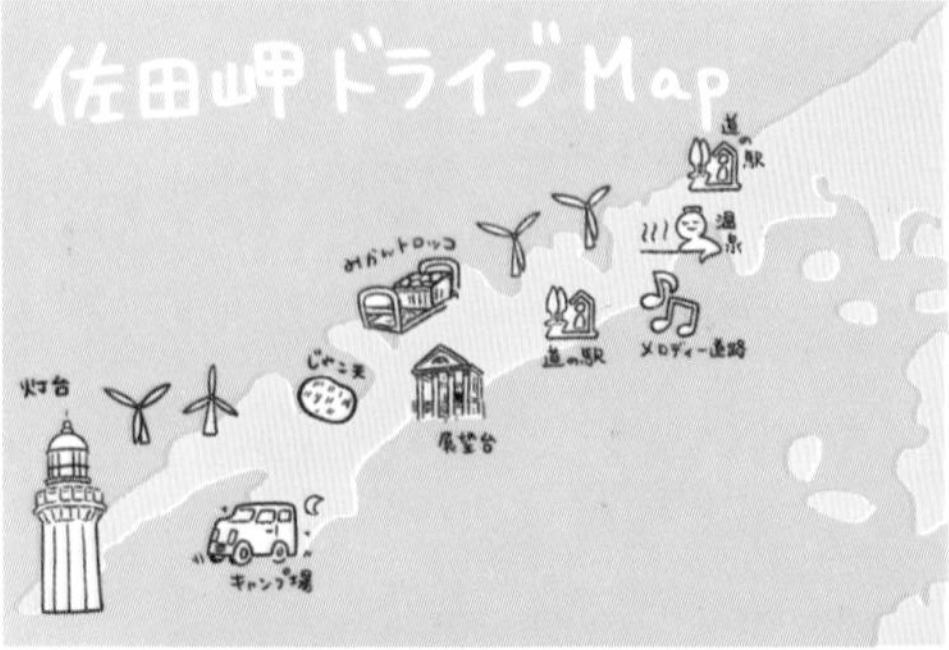
佐田岬ドライブMap
道の駅
温泉
みかんトロッコ
じゃこ天
道の駅
メロディー道路
灯台
展望台
キャンプ場

大峠隧道。トンネルに挟まれることなく、無事通過することができました。

トンネルの中にトンネル!?

通称ループ橋と呼ばれる青龍橋。

標高750mの山中に突然現れる、別子銅山の東平。

「かわいい」を探しに、あちこち

クルマ旅をしていると、目の前にぱっと現れる様々な「かわいい」に出会うことができます。

その中でも特に好きな、巨大で美しい「ループ橋」に遭遇！ ループ橋は道の高低差を解消するために螺旋《らせん》状に作られた建造物（橋）のこと。ぐるぐる回りながら上り下りするのが面白くて好きなのです。橋の名前は青龍橋。確かにループ橋は天にのぼる龍のようにも見えるので納得です。

ループ橋を進んでいくと鉱山都市「別子銅山《べっしどうざん》の東平《とうなる》」に到着。深い山中に現存する産業遺産群で、霧に包まれていたこともありゲームの世界のようでした。ちょっと怖かった。

怖いといえば「大峠隧道《おおとうげずいどう》」も印象的でした。通ろうとすると中にもうひとつトンネルがでてくる不思議なトンネルです。想像以上に狭くて不安でしたが、無事通り抜けることに成功。構造も面白いし、トンネルにたどり着くまでのみかん畑の景色も美しいし、とても楽しい場所でした。

四国最西端に位置する、日本一細長い半島「佐田岬」にもぱっと現れるかわいいがいっぱい。

七色に光る神殿みたいな展望台が現れたり、山から風力発電タワーがニョキニョキ生えていたり（大久展望台／佐田岬風力発電所）、道路

夕ご飯は、じゃこ天としらすを乗っけただけ丼です。

ムーンビーチ井野浦キャンプ場。こんな素敵な場所をひとり占めできるなんて幸せ過ぎます。

脇にみかんトロッコが転がっていたり、道路に音符マークが現れるやいなや「みかんの花咲く丘」が車内中に響き渡ったり（佐田岬メロディーライン）！　佐田岬は、全力でドライバーを楽しませてくれました。

理想のキャンプ場をみっけ！

佐田岬の先端に到着しました。白くまをとめて、遊歩道を進みます。風がとても強く、人っこひとりいない日でした。

遊歩道を進むと現れたのは灯台。草花が咲き誇る崖の上に灯台だけが佇んでいました。誰かの目印になりながらも自分は動くことも人に会うこともなく、ずっとそこで光り続ける灯台はとても美しい。その風景に、ただただ見入ってしまいます。

旅をしていると、ときどき孤独を感じることもあります。それは寂しいとかではなく、自分にしっかり向き合えるいい孤独です。灯台を見ると、その孤独を共有できる友だちに出会えたような気がします。勝手に。

この日のキャンプ地は「ムーンビーチ井野浦キャンプ場」。広くて白い砂浜、透き通った青い海、赤い防波堤灯台と風車発電タワー……。

それらすべてがクルマの中から見える最高の海辺キャンプ場でした。

紫雲出山では瀬戸内海と桜を見ることができます。

父母ケ浜。夕日を狙って訪れるのがおすすめです。

鳥居越しに市街市を瀬戸内海を一望します。

絶景天空ロード

　愛媛県から香川県に入ると、徐々に「うどん」の看板が増えてきました。風景も少しずつ変化し、「おむすび山」と呼ばれている円錐形の山がぽこぽこ現れます。昔話の絵本に出てきそうな春のおむすび山はやわらかい若葉に包まれ、すっかり春の色。見るだけで気持ちがほころびます。

　最初にやってきたのは絶景スポットが詰まっている「荘内半島」でした。このエリアは空が特に印象的なスポットだったので、勝手に天空ロードと呼んでいます。

　まずは朝早くの「紫雲出山《しうでやま》」へ、日の出を見に行きました。朝日と一緒に見る桜と瀬戸内海の景色は幻想的で、日本画みたいに淡い色をしていました。海に浮かんだ島々は、雲海と山のようにも見えます。海だけでなく島々の美しさも味わえるのが瀬戸内海に面した地域のいいところ。海なし県で育った私ですが、クルマ旅をしているうちに海にも見慣れてきて、海を見るとホッとするようになってきました。

　次に訪れたのは、高屋神社にある「天空の鳥居」。標高404メートルの稲積山《いなずみやま》の頂上にある神社で、鳥居越しに観音寺市街地と瀬戸内海を一望できます。

　夕方には「父母ケ浜《ちちぶがはま》」へ。ここは日本の夕日百選にも選ばれており、「日本のウユニ塩湖」として多くの人が集まる場所でもあります。海が鏡のように反射して、幻想的な写真を撮ることができるのです。特に日の入り前後のマジックアワーには、足元から空の一番上まですべてが夕日に包まれるような気分になります。

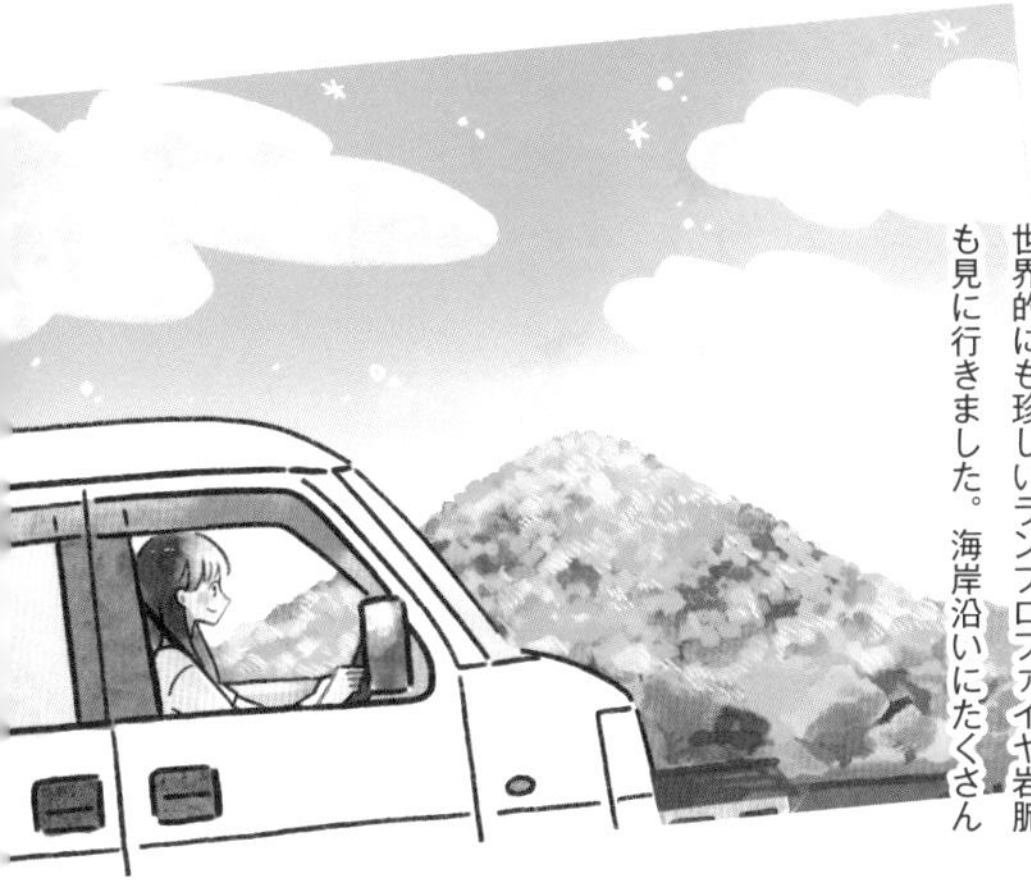

退屈しない香川ドライブ

香川県をドライブ中、珍しいものや場所をたくさん見つけました。

例えば、積み重なったタイヤでできたミカンロボ。「ミカンロボ交通安全　しっかりみている　そのマナー」という標語が書かれた看板も近くに立っていました。こういう、道路脇に立っている奴らってなんでこんなにかわいいんだろう。突然現れるからびっくりするけど、ふふっとなって、それから気が引き締まります。

それから、白と黒の縞模様が美しい、世界的にも珍しいランプロファイヤ岩脈も見に行きました。海岸沿いにたくさんいた牡蠣とりの人たちも印象的でした。

古代に石器の材料として使われていたサヌカイトこと讃岐岩《さぬきがん》がいっぱい落ちている山も面白かったです。山道を歩くと足元から響く、石の擦れたしゃりしゃりとした音。叩くとカンカンという音がするこの石は通称「カンカン石」とも呼ばれ、県の石にも指定されています。

道路脇にあるぷち鳥居や、高松港にあった真っ赤に光るガラス灯台もきれいだったなあ。見たことがないものにたくさん会える楽しいクルマ旅になりました。

ランプロファイヤ岩脈
牡蠣がとれるみたい
赤い灯台!
ぷち鳥居
サヌカイト(古銅輝石)

ドライブをしながらの日常生活

ドライブを楽しみつつ、日常生活もちゃんとこなします。安いスーパーで買い溜めしたり、湧水を探して走り周ったり、少しでも安いガソリンスタンドを探そうと遠くまで行って結局節約できなかったり、公園の駐車場でささっと白くまの掃除をしたり、コインランドリーに行って洗濯をしたり……意外とやることがいっぱいの車中泊生活なのです。

そんなどたばたの生活だけど、クルマのドアを閉じれば居心地のいい空間が広がります。棚にある本を読みながら過ごして、ちょっと眠たくなったらゴロンと横になって眠ったり、コインランドリーの乾燥機から出てきたほかほかタオルを畳んだり……。そういう風にいつも通りの生活をする時、なんでもないけどちょっと幸せな日常を感じます。

自分の部屋と一緒に移動するクルマ旅だから、旅をしながらも家みたいな生活を送ることができる。知らない景色や場所は好きだけど家も大好きな私にとって、一番安心する旅のスタイルなのです。

今の何…?
(Uターンして見に戻った)

キャンプ場でうどん作り

香川で宿泊したのは国営まんのう公園内のオートキャンプ場。

このキャンプ場は各カーサイトに水道と流し台が付いており、料理がしやすい環境でした。さらに白くまにもバージョンアップして調理がしやすくなったキッチンがあります……ということで、今日はしっかり料理の日！

せっかく香川県にいるのですから、白くまと一緒にうどん作りで思い出作りをすることにしました。中野うどん学校さんのうどん作りキットの手順に沿ってうどんを作ります。作り方は意外とシンプル。材料をこね、床の上で踏んで、そのあと2時間ほど寝かせます。

うどんを寝かせている間に、溜まっていた仕事のお片付け。折りたたみ机を開いて、部屋を仕事モードに切り替えます。机を持っていなかった頃はベッドの上にただ座って絵を描いていたのですが、机があったほうが集中して仕事ができます。

うどんを寝かせ終わったら打ち粉を引いてのばし、うどんらしい細さに切っていきます。ここは調理台に付けた折りたたみ式の作業台がとにかく大活躍。それから、日中パンパンに充電しておいたポータブル電源も、ここぞとばかりに電力の大放出です。IHを使って茹でれば……讃岐うどんの完成です！

このあとネギを乗っけたり揚げ玉を乗っけたりしたのですが、その写真を撮るのをすっかり忘れて平らげてしまいました。香川県に来てから毎日食べているうどんですが、自分で作ったうどんもすごくおいしかった。一瞬でなくなりました。

うどんを作っただけで満足してしまったので、今日はもう就寝です。星がきれいな静かな夜で、気持ちよくぐっすりと眠れました。

中野うどん学校
手打ちうどんセット
クルマのおうちで
うどんづくり
麺棒
塩
足踏み用の袋
小麦粉
打ち粉

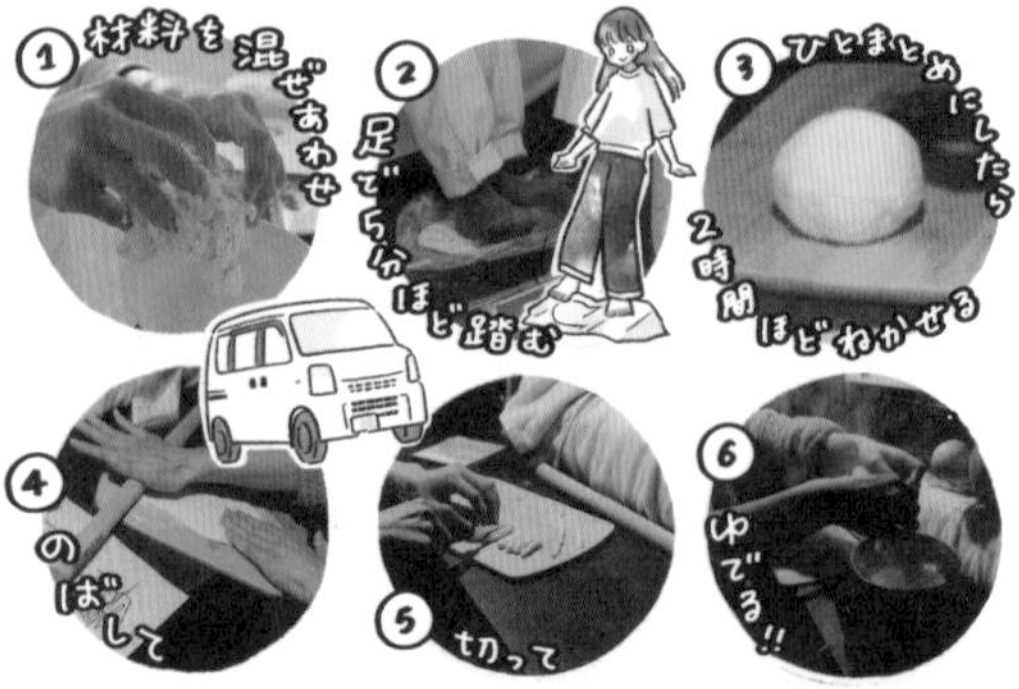
①材料を混ぜあわせ
②足で5分ほど踏む
③ひとまとめにしたら2時間ほどねかせる
④のばして
⑤切って
⑥ゆでる!!

太陽の光で目覚める感覚が好きで、光を通す麻のカーテンを使っています。

ゆったりと心地いい香川を満喫

香川旅の締めくくりは、海沿いと山の中を駆け抜けるドライブコース「五色台《ごしきだい》スカイライン」。道沿いにあった民俗資料館は、無料とは思えないほどのクオリティーでびっくり。瀬戸内海の文化と歴史、自然や漁業、建築や村の文化までなんでも知ることができました。

これにて香川旅はおしまい！

運転していると突然ぽこんと現れる、おむすび山にときめいたり、なんとなく行ってみた展望台からの景色がきれいでじーんとしたり。思わず誰かに見せたくなるような絶景に出合ったり、通りがけに寄ってみた道の駅で食べたソフトクリームがおいしくて幸せな気持ちになったり……。

うどんでいつもお腹が満たされているからか、ただただ気分がよくて、いつもよりちょっと楽しいことができる。香川はそんな場所でした。

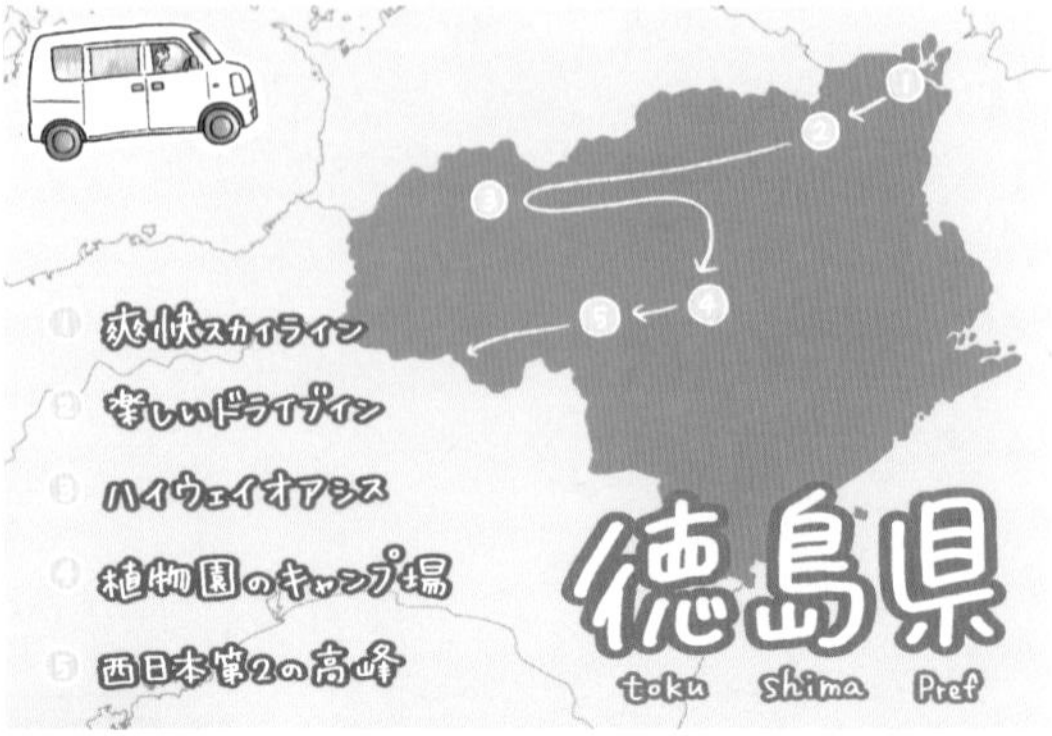
1 爽快スカイライン
2 楽しいドライブイン
3 ハイウェイオアシス
4 植物園のキャンプ場
5 西日本第2の高峰
徳島県
toku shima Pref

レアな自動販売機の宝庫「コインスナック御所24」

次にやってきたのは徳島県。淡路島から大鳴門橋を渡ってすぐにある「鳴門スカイライン」からスタートです。

目の前に広がるのは青い空と海。窓を開ければ車中いっぱいに爽やかな風が吹き込みます。白くまと一緒に風になったような気分になれる下り坂が最高でした。スカイライン感を楽しめるのは一瞬ですが、生活感と自然が入り混じった美しい港町を眺める時間もいいもの。野生のびわがたわわに実っていて、鳥たちがとても賑やかだったのも印象的でした。

徳島の旅の目当てのひとつ、「コインスナック御所《ごしょ》24」では、昭和～平成の時代に作られたレアな自動販売機を楽しみました。変わった飲みものの自動販売機や１０００円ガチャ自販機を筆頭に、カップラーメン自動販売機、うどん自動販売機、ガム自動販売機……様々な自動販売機が現役で稼働している人気のドライブインです。

暑い夏の日にぴったりの瓶コーラを購入してから、カレー自動販売機でカレーライスを購入。お金を入れてボタンを押すと、下の受け取り口に熱々のレトルトのカレーとパックに入ったご飯がボトンと落ちてきました。この自販機の中ってどうなってるんだろう……？

ほかほかご飯の上にカレーをかけたら、あっという間においしいカレーが完成です。お会計する手間も温める手間もないので、お腹ペコペコの私には最高でした。

お腹が満たされたあとは、隣接しているゲームセンターを眺めてノスタルジーに浸ります。コインゲームを楽しんでいるおじちゃんがひとりだけいました。端っこにはパンツが取れるUFOキャッチャーがあったので、下着を忘れがちな旅中に寄るにはもってこいです。

ゲーム
コインスナック御所24

ホカ
ホカ
カレーライス

ほかほかごはんにアツアツカレーをかけて
カレーライス
完成!!

高速道路のエリア内ですよ!?

高速道路エリアからこんな景色が見れるなんて!

冷
徳島珈琲

若者から年配の人まで楽しめるとあって、週末や連休は混んでいるそうです。

1日過ごせる「吉野川ハイウェイオアシス」

徳島自動車道にある「吉野川ハイウェイオアシス」は、ここだけで車中泊の1日が完結しそうな心強い場所でした。

地元野菜や食品の直売所、地産地消をうたった食堂、徳島を中心に四国のいいものが集まるセレクトショップ、ほっと一息つけるカフェ、ドッグランや池、歴史ある橋などがあり、とにかく盛りだくさん。さらに施設の展望台から見えるのは「清流吉野川」と、その川の中にたたずむいくつもの奇岩が生み出す県指定名勝天然記念物「美濃田の淵」。景色も最高です。Wi-Fiやコピー機、フリードリンクを完備したコワーキングスペース(有料)もありました。夏の真っ昼間に車内で仕事をするのは結構しんどいので助かります。

ちょっと楽しんだら出発しようと思っていた私でしたが、あまりにもこの場所が快適だったので、すぐ下にあった無料キャンプ場で1泊することにしました。気軽に泊まる場所を変えることができるのもクルマのおうち旅のいいところです。

夜はオアシス内にある温泉施設を利用。猛暑で汗だくの毎日ですから、いつも以上に気持ちがよくて大満足。ドライブで固まってしまっていた体を温泉とサウナが癒してくれる、最高のひとときです。温泉を除く各施設は夕方には閉まるのですが、サービスエリア内のコンビニは24時間空いているので、困ることは何もありません。抜かりない場所でした。

酷道をゆきゆきて……

翌日は、酷道《こくどう》として有名な国道193号を進みます。狭くて急な山道を登り、登り、登り……たくさんの緑を越えて、標高約1000メートルの「四国山岳植物園岳人《がくじん》の森」にあるオートキャンプ場「岳人の森キャンプ場」に着きました。

ここは約50年もの年月をかけて山を開拓して作られた、徳島県で最も歴史あるオートキャンプ場。多くの絶滅危惧種が咲き乱れる植物園に併設しているキャンプ場なのです。

山から湧き出る天然水を使用することができたり、植物園を楽しんだり、夜は降るような星が空に広がっていたり……と、自然の中にどっぷりつかれます。時期的（6月）に花はあまりなかったのですが、青々とした木々から差し込む木漏れ日がきれいで、すごくいい山でした。散策しがいのあるキャンプ場なので、ゆったり楽しめます。

そしてこのキャンプ場のもうひとつの特徴は直火がOKなところ！　せっかくなので地元の野菜たちを使って直火バーベキューでもしようかと思いましたが、すべて焦げてしまい失敗……。結局、フライパンで焼いた野菜とサラダ、ご飯だけの簡単な夕食になりました。

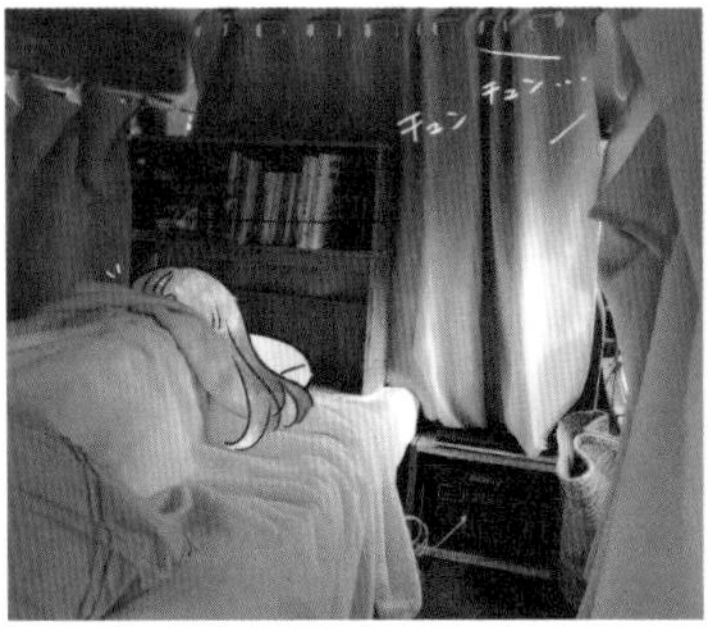

もし知らないで遭遇したら、結構不気味な「かかしの里」。

住人より多い「かかし」がお出迎え

植物園の近くには日本最長の林道「スーパー林道」の入口があり、クルマやバイクで林道ツーリングを楽しめます。とても行きたかったのですが、未舗装の道路があるのでやめておくことにしました。運転がそこまで上手ではない私と二駆の白くまは山道が精一杯です。

途中で登った剣山《つるぎさん》の山小屋の方に教えていただいた奥祖谷《おくいや》に向かいます。時刻はもう夕方。暗くなり始めた道をどんどん進んでいくと、ある地点から急に道沿いにたくさんの人影が……。

なんだろうとよく見ると……道端に現れたのは「かかし」たち！　絶対に住人より多い数のかかしがいたのです。しかもまるでそこで暮らしているかのようにバスを待っていたり、農作業をしていたり……。閉校した学校の体育館の中にも多数のかかしがいて、様々なポージングをとっています。その作りこみに圧倒されました。怖いけど笑ってしまう「かかしの里」、おすすめです。

旅のはじまりは海の印象だったけど、走り進むうちに山や緑の印象が強くなった徳島県。海と空の眺めが美しい鳴門スカイラインのようなところもあれば、岳人の森や剣山などの山岳地帯まで幅広いエリアの自然を堪能できました。

次はいよいよ最後の県、高知県です。

高知県
kou chi Pref.
1 海ドライブ
2 川と橋ドライブ
3 景色を楽しむ温泉
4 道の駅で休憩
5 高原ドライブ
6 キャンプ場でパーティー

柏島で見つけた極上ビーチ

高知県はとにかく素晴らしい景色だらけでした。

その中でも別世界だったのがエメラルドブルーの海が輝く「柏島《かしわじま》」でした。走っている時から期待感でワクワクしていたのですが、浜辺に降りてみてさらにびっくり！

空の青さを映し出すような海、太陽の光でキラキラ光る白い砂浜……この美しさは別格でした。

平日の朝ということもあり、人もほとんどいません。夏の暑い日、キラキラ光るビーチを独り占めして泳ぎまくることができました。

四万十川で沈下橋ドライブ

本流に大規模なダムが建設されていないため、日本最後の清流と呼ばれる四万十川に到着。今回の目当ては、欄干を作らないことで増水時には水中に沈むように設計された橋「沈下橋」です。

四万十川には48本の沈下橋が残っており、クルマで走ることができる橋がいくつもあるのです。現在でも生活道路として利用されている沈下橋に人と橋との繋がりを感じます。

目の前に広がるのは、空、山、川の特大3点セット。自然と人間の造った建築物との組み合わせが大好きな私にとっては、最高に楽しいドライブでした！

柏島は車上からも美しい海を堪能できますが、海岸に立ち寄るのもおすすめです。

佐田沈下橋

三里沈下橋

高瀬沈下橋

勝間沈下橋

岩間沈下橋

48本ある沈下橋のうち、5本の橋を通ってみました。

休憩場や食べものも色々!!
楽しそうな料理屋さん
キッズスペース
とってもおいしいパン!!
カフェでほっと一息
ドッグランもあったよ
ワンッ

「黒潮本陣」で 日帰り絶景露天風呂

この日は絶景も楽しめる温泉「黒潮本陣」でひとときを過ごします。浴場に入った瞬間に視界いっぱいに広がるのは美しい太平洋。運転で疲れた身体を癒し、心の奥底からリラックスできました。

旅中に車中泊をしている人たちと出会うと、イチオシの温泉を教えてもらうことがよくあります。景色がいいとか、泉質がいいとか、こだわりは人それぞれですが、教えてもらったオススメ温泉にはハズレなしです!

四国の温泉があまりにも気持ちいいので、シャワーさえ浴びられればOK派だった私も温泉に行きたい派になりました。

「道の駅なかとさ」で 休憩と買い溜め

少し高い丘に建つ黒潮本陣の真下、漁港のすぐ隣には道の駅がありました。

道の駅とは道路利用者と地域の人のための道路施設。道の駅のトイレは、どこもきれいなので助かります。(ここのトイレの特徴は「厠《かわや》」という看板でした)トイレ休憩以外にも、買い物施設としても利用させていただいています。その土地の作物を採れたて新鮮な状態で手に入れられるのは、足を運んだものだけが味わえる贅沢。絶景巡りをしていると人里離れたところに入ることが多いので、こういう場所での買い溜めがとっても大切なのです。

Google mapにも
「厠」で登録!
道の駅といえばまずは…
お手洗い!!!
「厠」ってはじめて見た

道の駅といえば…
直産市場!!
地元の名産品・生け簀!新鮮!

「四国カルスト・UFOライン」で天空ドライブ

道の駅で休憩と補給を済ませたらドライブの再開です。

向かった先は「四国カルスト」。重なり合う緑の丘に、白い石灰岩が映えるように散らばる、広くてのどかな場所でした。たくさんの牛を窓越しに眺めていると、気分はサファリパークです。ソフトクリームを食べつつ進んでいけば、四国カルストはあっという間におしまい。

次は標高1500メートルの「UFOライン」を通り抜けます。昔は「雄大な峰が続く道」ということで「雄峰《ゆうほう》ライン」と呼ばれていたそうですが、この場所で撮影された写真にUFOが写っていたことから「UFOライン」とも呼ばれるようになったらしいです。広い空と植生豊かな山の間を割くようにして突き進むUFOラインはまさに天空絶景でした。

山の間を割くように広がるUFOラインを突き進みます。

「星ヶ窪キャンプ場」で四国一周完走おつかれパーティー

無事に四国一周できたことを記念して今夜はキャンプ場でおつかれパーティー……のつもりだったのですが、パーティーグッズを買うのを忘れていてちょっと落ち込んでいます。

でも大丈夫、今日のキャンプ場は素敵な「星ヶ窪キャンプ場」。昔、隕石が落ちてできたと言われている池がある、ロマン溢れる無料キャンプ場です。近くにはUFOラインもあるし、このあたりにはなにかあるのかも⁉

池に向かってとめどなく流れる水、池で泳ぐ鯉、誰もいない原っぱ、ぽつんと置いてあるベンチ。なぜかじわじわくるこの場所にいれば、パーティーグッズなんてなくても気分爆上がりです。

今夜の白くまは食材が溢れています。先日隣で車中泊をしていた方から分けてもらった野菜や調味料、道の駅で手に入れた新鮮な野菜、無人販売機の果物、市場のお刺身……。色々ないいことが重なって最高の食材が集まりました。せっかくなので腕によりをかけて、おいしい夕ご飯を作ります。

パーティーといったらピザなので、メインはピザ。香川でのうどん作りが楽しかったので、もっと難しそうな料理にも挑戦したい欲が出てきているのです。

緑豊かな素敵なキャンプ場に到着しました。

思いつく限りの料理を作ってみたら結構時間がかかってしまいましたが、日も落ちて暗くなった頃にやっと全料理が完成しました!

使っている野菜や魚はすべて地元のもの。調味料はいただいたものと道の駅で買ったもの。地産地消の夕ご飯です。

料理と一緒にキャンドルを並べて、これが今できる精一杯のパーティー。はじけるジュースで池に乾杯……とその時、急に目の前の池が光り出しました!

突然光り出したのは、池を囲むようにぐるっと張り巡らされたイルミネーションと、点滅する星のピカピカ。「星ヶ窪」の名にふさわしい一番の星が輝きはじめました。さらに合わせるようにはじまった大量のカエルによる大合唱。頭上を仰げば、さっきまで曇っていたのに空にはたくさんの星。勝手にパーティー会場ができていく様子が面白くって、笑いが止まりませんでした。

本当に最高の四国クルマのおうち旅。感謝を込めて(?)、持ってきた手持ち花火でお祝い。

キャンドルを灯して、ご飯を食べて、花火をして、これにて四国一周の旅はおしまいです。

to be continued

キッチンを置く前，光がいっぱい入りこむ日

少なめ荷物で出発，お土産つめて帰るため！

バックドアを開けば いつでも展望ホテル

雨に包まれてるみたいに雨音が響く夜

全部取り外し可能なベッドとキッチン！

各地で少しずつ拾った石がたまっていく…

ベッドに座れるのはいいけど眠くなる…

日が昇ったら起きる，沈んだら眠るだけ

初出一覧

70～85頁
ウェブマガジン「カエライフ」
イラストレーター・いとうみゆきの クルマのおうちで埼玉一周の旅
vol.01 めんどくさがり屋の改装術～内装準備編～（2022.04.15）
vol.02 めんどくさがり屋の改装術～部屋作り編～（2022.05.13）
イラストレーターいとうみゆきの クルマのおうち旅
めんどくさがりな私でも、やってよかった車中泊改善策！（2023.04.14）

86～101頁
ウェブマガジン「カエライフ」
イラストレーターいとうみゆきのクルマのおうち旅
車中泊で全国各地を巡り、四国で見つけた理想のキャンプ場とは…？（2023.07.14）
車中泊で四国を巡り、香川で見つけた絶景フォトスポット！（2023.08.11）
車中泊ラバーの強い味方、ハイウェイオアシスがあれば高速エリア内でも暮らせちゃうかも！（2023.09.01）
高知県で見つけた、宝物みたいな絶景ドライブコース（2023.10.17）

協力：株式会社ホンダアクセス／カエライフ編集部

「イラストレーターいとうみゆきのクルマのおうち旅」は
https://kaelife.hondaaccess.jp/archive/category/いとうみゆき

クルマとカスタムで暮らしをカエる「カエライフ」で公開中！
https://kaelife.hondaaccess.jp

Chapter3

木造アパート暮らし

北東向き、バストイレ別、築50年の木造アパート
5畳のキッチンと6畳で構成された1Kが、私の住む202号室だ

ベランダのいろんな葉っぱたち

私の住むアパートは家と家に囲まれているので、光が部屋に差し込む時間帯は限られている。

季節にもよるけれど、だいたい朝10時ごろには部屋全体が暗くなる。そして、ベランダだけが光りだす。

うちのベランダはちょっと賑やかだ。カラカラと窓を開けると、私が植えているいろんな葉っぱたちが今日もさやさやしていた。

バジル、コリアンダー、ベビーリーフ、紫蘇《しそ》。ひと通り眺めてから、ベランダの脇にかけてあるジョウロを取りキッチンで水を汲む。それからまたベランダに戻り、下に飛び散らないように慎重に水をあげる。そうすると、植物たちは一気にピカピカキラキラになる。手間はかかるけど、なんだかいい時間だ。

3年住んでいる家だけれど、ベランダに植物を置くようになったのはつい最近のこと。植物は大好きだけれど、ベランダで植物を育てることに抵抗があったからだ。

取り分けられたほんの少しの土で植物を育てるということは、人間の手がたくさん要るということ。

少ない土では栄養にも水分にも限りがあるし、植物自体も好きなだけ根を張れない。だからいろんな栄養をあげたり、毎日たくさん観察してあげなければいけない。けれど、習慣的な行為が苦手な私にとっては、毎日水をやることすら難しい。

そんな自分が生き物を育てるなんて無責任な気がしてならない。家を空けることだって多い。事実、私は今まで何度も植物を枯らしている。

畑で植物を育てて収穫したことはあるけど、それはただ水を蓄える広い土地と雨に助けられ、なんとかなっていただけなのだ。

植物にとって一番いいのは、広い大地に根を張ること。畑でも野っ原でもどこでもいいけれど、植物は野に生きている時が一番美しく見える。だからそこから切り取って、地面から放して、自分のために手元に置いておくことがあまり好きではなかった。

育てられる気がしないし、そもそも育てたくない。部屋に植物がある生活は憧れるけど、自分がやることには抵抗があった。

だから私は長い間、簡単なハーブすら育てることなくスーパーで買っていた。だけどそういう、消費ばかりの生活にも少し抵抗があった。

狭い場所で植物を育てる心苦しさと、消費ばかりの生活へのもやもや。そのふたつの抵抗度を天秤にかけてみたところ、明らかに後者の考えの方が重要だった。

プランターで育てるのは心苦しいけど、畑がないんだからしょうがないよね。自分が食べる葉っぱくらいは育てていいよね。楽しいし。部屋も明るくなるし。というか新鮮な状態で食べたいし!

結局は食欲である。新鮮な葉っぱが食べたいな~という考えがむくむくと湧き出した時、意固地な私はやっと考え方を変え、食べれる植物を育てることをはじめた。

そうしたら、好きな時に新鮮な葉っぱが食べれるし、窓の外もキッチンもいい景色になったし、さらにいい暮らしになった。なんであんなに意地っ張りだったんだろう。やっぱり頭はやわらかいほうがいいね。

（ベランダの隅っこにはコンポストがあって、生ごみを日々分解している。友だちに教えてもらった方法、キエーロ式のコンポストだ。しっかり作ってあるから、虫が湧いたことは一度もない。ゴミを減らせるし、ゴミ箱が臭くならないし、いいことづくめなのでもっと早くやればよかったなあと思っている）

私の眠る場所

朝7時、窓から入る光で目が覚める。

最近は、窓際に布団を敷いて毎日寝ている。朝一番の光がちょうど部屋に差し込む場所に枕をおくことで、光を目覚まし時計がわりにしているのだ。

それに合わせて布団カバーを茶色から白に変えた。まだ使えるのに新しいものを買うことには後ろめたさがあるけれど、それだけで部屋が明るくなって、起きた時によりいい気持ちになれている。

そういう生活をしているのはただのマイブームだ。

去年の夏は押し入れに上半身を突っ込んで寝ていた。朝の光なんかに起こされたくない、気が済むまで暗闇の中で眠っていたい！　と思っていたからだ。

押し入れを寝床にするのは結構よかった。機能的

で、暗くてぐっすり眠れるうえに蚊に刺され対策にもなる。

眠りを阻害する鬱陶しい蚊だけれど、狭い押し入れの中だとすぐに捕まえられるのだ。飛んでいてもすぐにわかるし、壁に止まっていてもすぐにわかる。

蚊は人間の吐く二酸化炭素やスマホの光に寄ってくるそうだから、この押入れは獲物の気配がぷんぷんする洞窟に見えているのかもしれない。しかし、私にとってはすべてにおいて機能的な縄張り。薄暗くてひんやりとした洞窟……押入れは夏におすすめの寝場である。

昔、吉本ばななの『キッチン』に感化されてキッチンで寝たこともある。これはゴキブリがもしいたら怖いので1日でやめた。

アパートの住人たち

私の住むアパートは朝9時半になったら洗濯物を回していいことになっている。それより前の時間に洗濯物を回した201号室のおばあちゃんが、101号室のおばあさんに怒られたことがあるからだ。明確なルールは特にないけれど、その話を聞いてからは私もなるべく遅く洗濯機を回すことにしている。

ピッカピカの天気の日は、早く洗濯物を回したくて何度も時計をチェックしてしまう。私は洗濯物を回すのが大好きなのだ。

トイレにかけてある袋の中から溜まった洗濯物を取

り出して、重い順に洗濯機に詰め込む。重いものを下にしたほうがなんとなく回転がいい気がしているからそうしているけれど、実際どうなのかはわからない。

洗剤を入れて、柔軟剤を入れて、30分のコース。あとは好きなことをしながら待つだけ……。

洗濯物を干すと、ベランダは一層賑やかになった。麻で作ったカーテンは紗幕《しゃまく》になり、美しい影絵が生まれる。太陽が遠ざかる午後までの美しい景色だ。

お隣のお裾分けおばあちゃん

アパートの住人たちは遅起きだ。お隣のおばあちゃんも、101号室のおばあさんも、起きるのは朝11時ごろ。なんでそんなことがわかるというと、トイレの音とか、雨戸の音とか、ドアを開ける音とか、そういう生活音が全部聞こえるからである。

前に住んでいた木造アパートではさすがにここまで聞こえなかったので、このアパートはよっぽどすべてが薄いのか、私の耳がよくなったか……？

お隣、201号室のおばあちゃんは、私が洗濯機を回しはじめると、お裾分けを持ってうちにやってくる。誰かにもらった硬いピーナッツだったり、スーパーでよく売っているお饅頭のあまりだったり、貰い物のおいしいりんごだったり、なんでもないビニール袋に入った蒸したお芋だったりする。

実家にいた時もお隣さんがなにかをくれることはあった。けれど、それは旅行のお土産とかたくさん取れたお野菜とかで、ここまで生活感の溢れるお裾分けではなかった。私はこの気張っていないお裾分けが本当に大好きで、いつもほくほくといただいている。

私も時々どこかで買ってきたお土産を渡しに行く。だけどおばあちゃんはいつもさらになにかをくれる。

先日、温泉土産のお饅頭を持って行ったら、これおいしいから～と、おつまみお煎餅をくれた。個包装のやつではない。いつものビニール袋にバサバサッと入れて、ついでに棚に置いてあった柑橘類と一緒に渡してくれた。チョイスといい渡し方といい、やっぱり素敵なお裾分けだ。

羊羹が5つ入った箱を渡しに行った時には、せっかくならあなたも食べて、とその場で箱を開けて2つも返してくれた。お礼だから大丈夫、と言ってもおばあちゃんは聞かない。

まあいっかと持ち帰って、お茶を沸かして、家で食べた。初めて食べた虎屋の羊羹は噂通りおいしかった。誰かとなにかを半分こにするなんて、ひとりで暮らしているとなかなか起こらないイベントなのでなんだかうれしかった。

このお裾分けイベントはおばあちゃんの部屋にきたお客さんにも発動しているようで、時々、「どうぞもらって」と「いえ大丈夫です」の言い合いがお隣の玄関から聞こえることもある。

基本的には勝つおばあちゃんだけれど、この間は負けていた。「そうなのね、いらないの……」という悲しそうな声が聞こえた時は、代わりに私がもらいに出て行こうかと思った。

私とおばあちゃんが仲良くなったきっかけは、おばあちゃんの代わりに段ボールのゴミを出してあげたこと。足の悪いおばあちゃんにとっては階段の上り下りも一苦労なのだ。

この間はおばあちゃんが階段から身を乗り出して、大量の段ボールを地面にバサバサ落としているところに鉢合わせた。

なにやっているの!?　と言ったら、おばあちゃんは振り向いて、「こうしたら楽で早いんじゃないかと思って」と笑っていた。その光景が面白くて私も笑っちゃったけど、もし道に人がいたらびっくりしたことだろう。

一緒に降りて、散らばった段ボールを集めて、整えて、ゴミ置き場まで持って行った。意外と面倒だったからもうやらない、とおばあちゃんは言っていた。

80代のおばあさんと50代の息子が奏でる生活音に……

102号室のおばあさんが洗濯物をはじめた。彼女はいつも洗濯機の蓋を閉めるのを忘れて部屋に戻る。回し初めて10分くらい経って、洗濯機が「閉め忘れてますよピーピー」と鳴りだすと慌てて戻ってきてようやく閉める……と私は思っているのだけれど、姿を見ているわけではなく音だけで判断しているだけなので真実はわからない。だけど明らかにそういう音なんだよなあ。どうかなあ……。

102号室には80代のおばあさんと50代の息子が去年の夏から住んでいる。2人入居不可の物件に2人で住んでいる。息子は挨拶をしてもぷいっと無視をするけれど、おばあさんの方はちゃんと挨拶をしてくれるので多分いい人だ。

おばあさんは年金と生活保護で暮らしているそうだ。息子は週3回ほど朝から夕方までいなくなるから、バイトでもしているんだろうか。火曜日だけ、朝からおばあさんも一緒にいなくなる。そして昼ごろおばあさんだけが帰ってくる。それぞれの日課でさえも把握してしまうのが壁と床の薄いアパートである。

息子はとても声が大きくて、日常会話が全部聞こえる。だからうちに遊びにきた人たちはみんなびっくりする。お隣さん、うるさいねえって。しかしそれは隣ではなく下の声である。下かどうかもわからないくらい反響しているということなのだろう。木造アパートは壁だけでなく床も薄いのだ。

息子は足跡もうるさいし、イビキもオナラもうるさい。パンツの中になにか飛び散ってるんじゃないかと思うくらいの音のオナラを1日に何回もする。

私は時々彼のオナラの音で目覚める。目覚めてすぐに落ち込む。素晴らしい1日のはじまりがオナラの音だということに……。

だけど息子は基本的にお母さんにやさしい。2人で毎日一緒にテレビを見ながらおしゃべりをしている。雨降るから傘持って行きなよ、とか、明日の朝ごはんなにを食べたいの、などと話しかけている声も聞こえる。挨拶はしないしオナラはでかいけど、きっといい人だ。しかし彼らは、2人入居不可の物件に2人で住んでいる。

小さな夢への第一歩

猫の声がする。

ベランダから身を乗り出すと、家と家の間をぬって2匹の猫がおしゃべりをしながらお散歩をしていた。雨戸の閉じた誰もいない103号室の庭で立ち止まり、相変わらずしゃべっている。

103号室にはマダムみたいな服装の人が住んでいたけれど、最近出て行ってしまったらしい。

2回ほど姿を見かけただけで、喋ったことは一度もない。しかも彼女が住んでいた1年間、私の知る限り雨戸が開くことは一度もなかった。どんな人が住んでいたんだろう。なにも掴めない、ミステリアスなところが好きだった。

猫はずっとおしゃべりをしている。

私はそれを眺めながら太陽に当たっている。一度太陽に当たるとなんだか気持ちがよくて、そのままじいっとしてしまうんだよなあ。日に焼けたくないなと思っているのに。

しばらく続いたおしゃべりだったけれど、102号室のおばあさんが窓を開けた音で、猫たちは逃げてしまった。残念だけど仕方がない。

今日は私の小さな夢のひとつ、「毎日野良猫が家に遊びにきてくれる状況」への第一歩が踏み出せた気がする。

猫よ、ここは怖い場所じゃないからまたきてくれ。

冬の午後
ん～
うーん
あ～…
うーん…
はあ…
…
糖分補給だな
冷蔵庫に何かあったかな

空っぽかーい
今日は
ひきこもりデー
だったんだけどな
ガチャ
甘味の力は
強いのだ
トン
トン
トン
トン…

日暮れ早くなったなあ
鼻の奥でつんとする冬のにおい
LES SON STATION

ほかほか
美味しいにおい！
中華まんはコンビニ前で食べるのが一番おいしい
中華まん
なんでだろうな～
LESSON
中華

せっかく外にでたので
駅前ビルまで
ちょっと寄り道
1対1
個別指導塾
5F
ラッキー
一階だ
ラッキー
ぴ
ウィン
ガヤ
ガヤ
ぎゅう
ぎゅう!!
ゴトーン
ぱっ

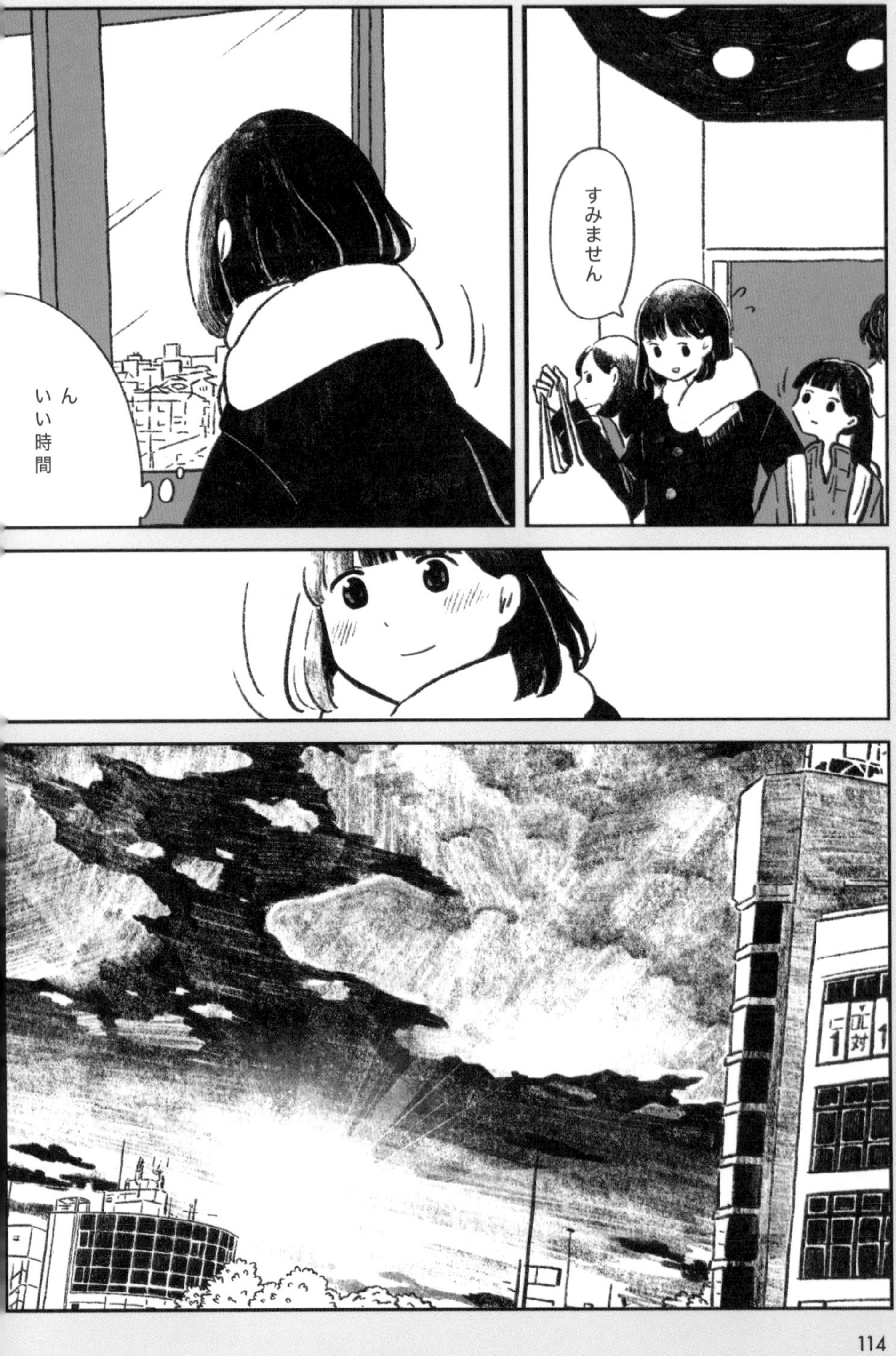
すみません
ん
いい時間

降りますか?
大丈夫です!!
浮遊と景色を楽しめる
駅前ビルの隠れ展望台
……もとい
ただのエレベーター
今日もいい
空でした

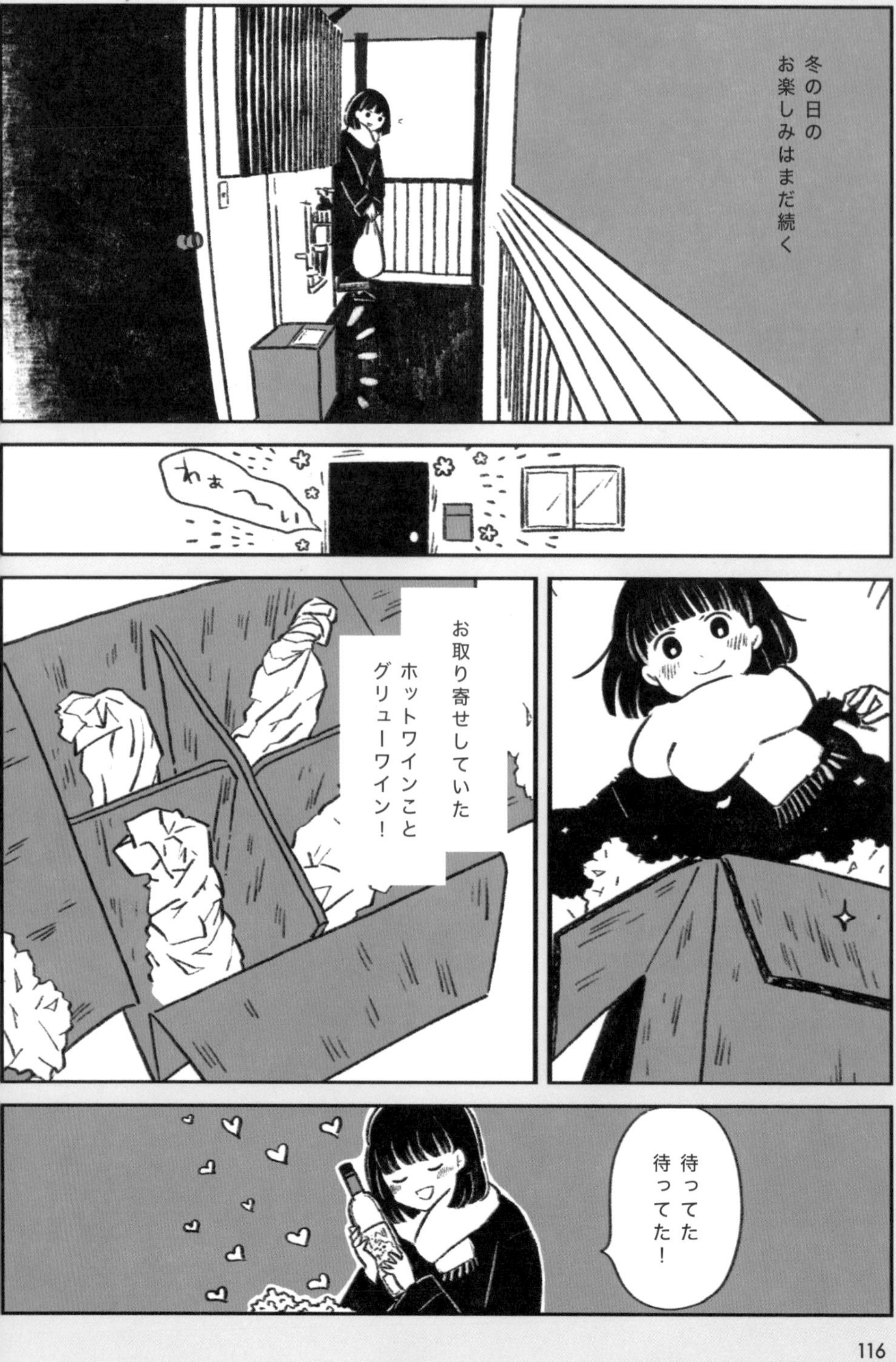
冬の日の
お楽しみはまだ続く
わぁ〜〜い
お取り寄せしていた
ホットワインこと
グリューワイン！
待ってた
待ってた！

それでは
早速
…と
行きたい所
ですが
ぱたん…
やること
やってからだな
トーン
トーン
トン
カシャ
カシャ
ザッ
ホッ
ホッ
どんどん
やるぞ～

突然ですが 我が家の
間取り
1K／築50年／駅徒歩15分
202号室
我が家のいい所
天井の高い
お風呂場
二口コンロと
広めの流し台
拭きやすい
フローリング
キュッ
サッ
ササ
うしっ
きゅ

カン
カン カン
ガサ
いつでも出せるゴミ置き場もいいよな
わあ

コト
今日は満月だったか〜
今日は記念すべきこの家に住み始めてから12回目の満月
ごちそうさまでした

部屋も
ピカピカ
身体も
ピカピカ!!
ふぅ
0
-10
-20
さむっ…
ブオオオオオオ
Glühwein

お風呂を出たら
お待ちかねのホットワイン
ぽんっ
コト
ストーブで温めたら
完成
ふわっと香るアルコールとスパイス

じんわり
しみわたる
冬の夜の
ごほうび!!
今日もよく
頑張ったな〜!
洗濯物取りこみ
仕事
食器洗い
返信
明日の自分も
頑張れ!!
…今日は
もう寝よ
終

My Favorite Room Items

目薬

とりあえずいいやつを、と薬局で一番高いやつを買いました。目が覚めますが口の中が苦くなる。

拾った石

疲れた時に握ると手のひらのツボを押してくれます。たくさんあります。

ブランケット

友だちにもらったあったかいやつ！　足が冷えがちなので必須ですが気がつくといつも床に落ちています。

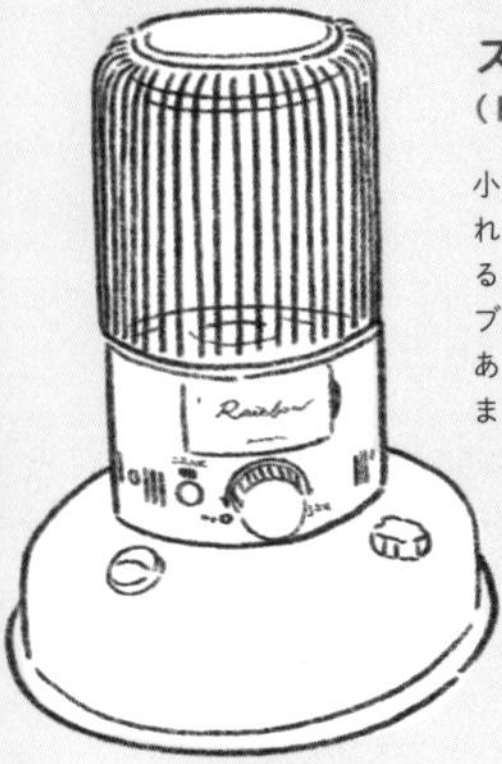

ストーブ
（トヨトミレインボー）

小さい頃からずっと憧れていた天板が熱くなるタイプの灯油ストーブ！　無限に加湿＆あったかいお茶が飲めます。

さめさん

姪っ子からのプレゼント。
ダイソーにいたそうです。
嬉しかったので毎日一緒に寝ています。

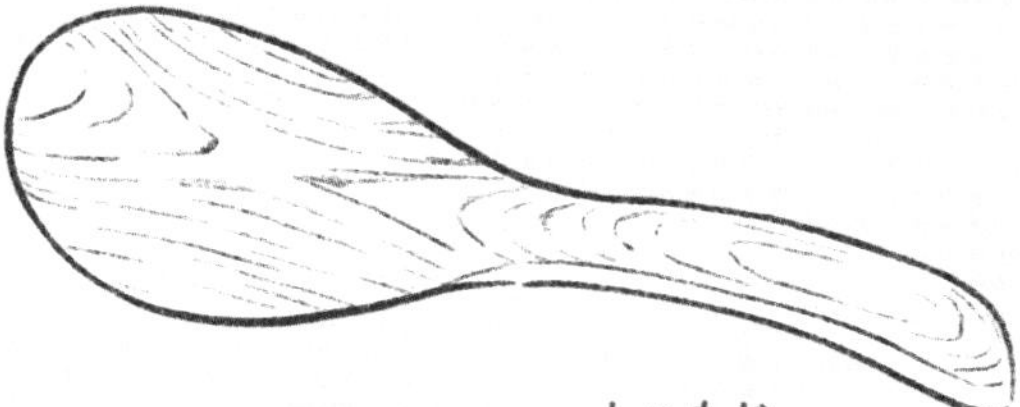

しゃもじ

突然木彫りにハマった友だちが作ってくれました。クオリティが高すぎて使う度に感動する。

食器洗いグッズ

持ち手がついているほうが洗いやすいことに気が付きました。(ニュージーランド旅以降)

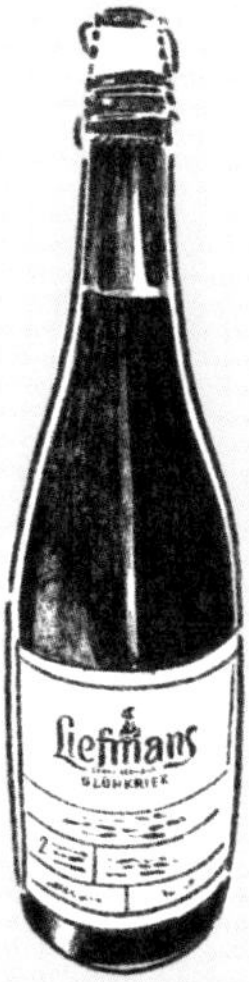

ホットビール

本当は人に教えたくない最高に美味しい飲み物です。冬の寒い夜が数倍楽しくなります。3種類のスパイス(アニス、クローブ、シナモン)が入っているさくらんぼテイストで、あったかいのにビールだから泡があって美味しくて、もう本当に大好きです！　本当は漫画ではこれを描きたかったのだけれど、これは誰かと飲む時用なので、出ませんでした。商品名は「リーフマンス・グリュークリーク」です！

せいろ

誕生日に友だちがくれたせいろ。野菜やきのこを放りこむだけでおいしいものが作れます。ふかし芋やプリンも作れるし中華まんがふかふかになるので手放せません。

ヒヨコ

6匹入りだったので、残りは妹や友だちにあげました。お風呂に浮かせたことはまだありません。

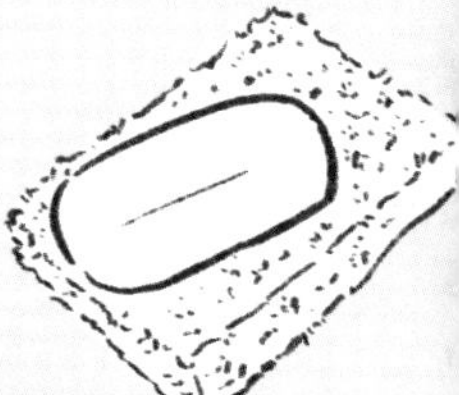

石鹸置き

無印良品のやつです。錆びないし衛生的だし周りの掃除もできちゃうのでとてもいい。

シャンプー・コンディショナー

ニュージーランド車中泊時代からずっと使っているeco store。お気に入りの香りがなくなったので乗り換えを検討中……。

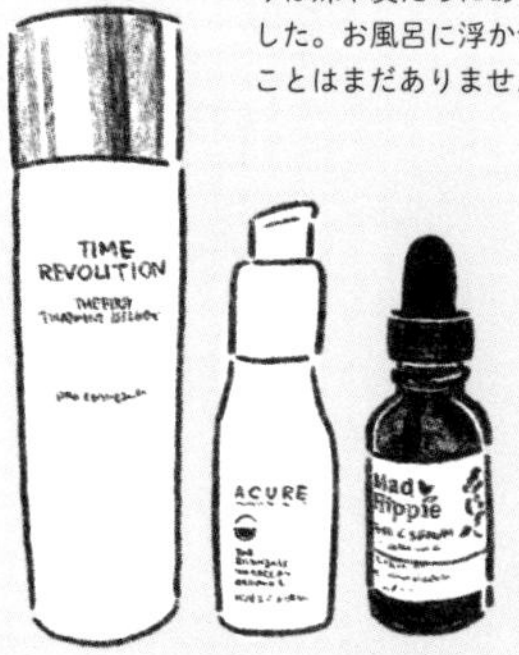

スキンケア

化粧水…MISSHA タイムレボリューション
オイル…ACURE モロッカンアルガンオイル
美容液…Mad Hippie ビタミンC美容液。

洗い流さないトリートメント

友だちに借りたら良過ぎて買ってしまった。公式サイトで買うのがおすすめです。

おわりに

このたびは『わたし、また、旅に出た。』を読んでくださり、ありがとうございました！

この本は元気な時にお誘いいただいて、途中休憩を挟ませていただきながら作った本です。

元気な時は、いつも風が吹いているようでした。緩やかな流れが私のことを運んでくれて、気が付いた時には思いもしなかった場所で面白いことが起きていることがよくありました。なのに最近は締め切りに追われて部屋に篭り、気晴らしに布団に篭ってゲームをし、外に出ることもなく買い溜めした完全食を食べる日々。いくら家が好きだといえども、身体が止まれば徐々に心も動かなくなるもので……そうして、やらかしてしまったのでした。

なんとか動くだけの元気を取り戻して自分でまた歩き出し、心と身体を動かして、たくさんのいい景色と偶然の出来事を経験して……。

旅先で見つけた灯台で将来の夢（世界中の灯台を見ること）が増えた時、生き延びるための小さな光を取り戻したような気がしました。私に足りなかったのは動くことと出会うこと、それらによって生み出される夢だったようです。
旅に出て、心を養うことができた今は少し、風が吹きはじめたような気がしています。次はどこに行こうかな？ってわくわくする日々を送るくらいに。

この気持ちを取り戻させてくれた旅と、きっかけを与えてくれたこの本に感謝しています。

もしまた忘れてしまったら怖いので、最後に自分用の文章を。

ずっと座っていると心も身体も弱っちゃうから、外に出よう。
動いている世界と、そこで出会える偶然の喜びを楽しもう。
だからまた、旅に出よう。

いとうみゆき

THANK YOU
編集…栂勝島さん
撮影…まなほ
ホンダアクセスさまと
カエライフ編集部のみなさま
お手伝い‥ fracoco
さのちゃん
いつもお世話になっている方々，
応援してくださるみなさま！

いとうみゆき
Miyuki Ito

イラストレーター、漫画家。埼玉県出身。車旅と散歩が好きなインドア派。著書に『車のおうちで旅をする』、『おてがる 座るだけアウトドア チェアリングはじめます』（ともにKADOKAWA）、『ミニバン・ライフ・ホリデー ～車のおうちでニュージーランドの旅～』（講談社）がある。

わたし、また、旅に出た。

2024年7月1日　初版発行

著　者　いとうみゆき
発行人　杉原　葉子
発行所　株式会社電波社
〒154-0002　東京都世田谷区下馬6-15-4
TEL.　03-3418-4620
FAX.　03-3421-7170
https://www.rc-tech.co.jp
振替　00130-8-76758

ISBN978-4-86490-263-2　C0095

印刷・製本　株式会社光邦